»Meine Medizin seid ihr!« im Unterricht

INHALTSANGABE

u.1

24. März 2017. In der Notaufnahme der Uniklinik erhält Marlene Bierwirth eine fürchterliche Diagnose: Hirntumor. Dabei will sie doch einfach nur ihr Abitur machen!

Ein Jahr zuvor. Während ihrer Schicht im Supermarkt bekommt Marlene Probleme mit dem Gleichgewicht. Ihr Unwohlsein steigert sich bei Freund Daniel in einen Anfall von Übelkeit. Aufgrund von Nackenschmerzen sucht Marlene die Praxis ihres Hausarztes auf. Später besucht Marlene wegen anhaltender Schwindelgefühle den Brillenladen eines Bekannten. Während ihrer ersten Abiturklausur in der Schule bekommt sie hartnäckigen Schluckauf. Nach Untersuchungen in der Augenklinik steht die Diagnose fest: Hirntumor.

Ein Narkosearzt führt das Vorgespräch, ein Neurochirurg das Aufklärungsgespräch. Marlene wird auf die neurologische Intensivstation verlegt und zur Operation in den Keller gebracht. Beim Abschlussgespräch mit den Ärzten stellt sich heraus: Der Hirntumor ist bösartig.

Auf der pädiatrisch-onkologischen Station wird Marlene über den Therapieplan informiert und einer Untersuchung des Nervenwassers unterzogen. Ihr wird Eierstockgewebe entnommen und ein Portkatheter im Brustbereich eingesetzt. Über fünf Tage hinweg erhält Marlene in der Klinik das allererste Mal Chemotherapie.

Es folgen Ruhetage zu Hause. Dort muss Marlene von ihrem Zimmer in das zugänglichere Schlafzimmer ihrer Eltern umziehen. Sie schneidet sich die Haare kurz, bevor sie von selbst ausfallen können.

In der Klinik wird Marlene ein Portkatheter im Kopf eingesetzt. Von ihrer Mutter lässt sie sich die inzwischen doch ausfallenden Haare ganz abrasieren.

Marlene beginnt, Fotos auf Instagram zu posten, die Daniel mit seiner neuen Kamera macht. Ein Stück Normalität kehrt zurück, als Marlene in ihr eigenes Zimmer zurückzieht und sie mit ihren besten Freun-

dinnen Lina und Tabea Pizza essen geht. Später entführen die beiden sie nach Straßburg.

Nach insgesamt 50 Tagen auf Station schließt Marlene ihre Chemotherapie ab. Sie verbringt Zeit mit ihren Freund_innen und Verwandten, mit ihrem Blog und ihrem Instagram-Account, wo sie den 15.000sten Abonnenten feiert.

Am westdeutschen Protonentherapiezentrum in Essen beginnt die 35-tägige Radiotherapie. Dabei wird Marlene wöchentlich von einer anderen Person begleitet. Am Ende kommt es ihr so vor, als seien Jahre vergangen. Aber Marlene ist immer noch 18 Jahre alt.

In der Klinik erhält Marlene nur noch ambulant Infusionen, um den Tumor gänzlich zum Verschwinden zu bringen. Dabei wird sie für eine Reportage einmal von einem Kamerateam begleitet. Schließlich überbringt eine Ärztin Marlene die freudige Nachricht: Der Hirntumor ist nicht mehr zu sehen.

24. Januar 2019. Marlene hat die Schule erfolgreich abgeschlossen und ist mit Lina und Tabea nach Australien gereist. Dort kann sie ihr Glück kaum fassen, all die Unterstützung, Freundschaft und Liebe erfahren zu haben ...

In ihrer Autobiografie »Meine Medizin seid ihr!« gelingt der Autorin Marlene Bierwirth die schonungslose Beschreibung ihrer Krebserkrankung. Von ersten Symptomen über niederschmetternde Diagnosen bis hin zur überstürzten Operation und langwierigen Therapie lässt die Autorin ihre Leser_innen hautnah miterleben, wie sich das Leben von einem Tag auf den anderen schlagartig verändern kann.

Wie Bierwirth sich die Kontrolle über ihr eigenes Leben zurückeroberte, zeigen ihre metapoetischen Reflexionen zu Tagebuch, Instagram und Blog. Erlebtes und Gedachtes wechseln sich immer wieder spannungsvoll ab und legen den Leser_innen in ihrem immer optimistischen Grundton vor allem eines nahe:

»Das Leben ist dafür da, um gelebt zu werden, sich Herausforderungen zu stellen, sich aber den Spaß

nicht nehmen zu lassen und niemals zu vergessen, wie froh man sein kann, am Leben zu sein! Vergesst niemals: das Leben ist schön!« (S. 291)

DIDAKTISCHES PROFIL DES BUCHS

Wie jeder andere Unterricht auch muss die Behandlung eines Jugendbuchs einerseits an die Lernvoraussetzungen der Schüler_innen anknüpfen und damit assimilative Aspekte bieten, andererseits auch zusätzliche Anforderungen an das Verstehen stellen. Das didaktische Potenzial des Buchs als Unterrichtslektüre liegt damit in der Verknüpfung von vertrauten, assimilativen und eher neuen, akkommodativen Aspekten. Vertraute Charakteristika des Textes sorgen dafür, dass die Schüler_innen von sich aus einen Zugang zum Text finden können und dass Anknüpfungsmöglichkeiten für eine eigene Textdeutung vorhanden sind (Assimilation). Dieser Aspekt betrifft das lesefördernde Potenzial. Neue, zusätzliche Anforderungen, die der Text an ein Verstehen der Schüler_innen stellt, betreffen eher den Bereich des literarischen Lernens. Im Überblick lässt sich das didaktische Profil von »Meine Medizin seid ihr!« folgendermaßen darstellen:

Dimension des Textes	Das Vertraute: Möglichkeit zur Assimilation (Leseförderung)	Das Neue: Notwendigkeit zur Akkommodation (literarisches Lernen)
Wirklichkeitsbezug	▸ Reale Lebensgeschichte	▸ Schauplätze (v.a. Kliniken)
Thematik	▸ Familie und Freunde ▸ Soziale Medien ▸ Motiv des Erwachsenwerdens	▸ Krankheit und Behandlung ▸ Motiv des Freundschaftsbeweises ▸ Schreiben übers Schreiben (Metapoetik) ▸ Schuldfrage
Figuren	▸ Positive Identifikationsangebote für Mädchen und Jungen v.a. durch Marlene und Daniel	▸ Umgang mit teils ambivalenten oder wenig einfühlsamen Figuren (Ärzte) ▸ Große Anzahl an Figuren
Sprache/Stil	▸ Autobiografie ▸ Kapitel mit Überschriften ▸ Ich-Erzähler	▸ Nachwort (Paratext) ▸ Verschiedene Textsorten ▸ Rückblenden (Analepsen)
Literarische Formelemente/ Erzählkonzept	▸ Intertextuelle Bezüge (Pop, TV) ▸ Spannungsbögen	▸ Stilmittel (Symbole)

Die Übersicht verdeutlicht die gelungene Mischung aus leseförderndem Potenzial und Notwendigkeiten zur Akkommodation bestehender Verstehensschemata. Besonders geeignet ist »Meine Medizin seid ihr!« für die Klassenstufen 7 bis 9. Die Stärke des Buchs als Unterrichtslektüre liegt inhaltlich im jugendnahen Thema der Familie und Freunde, wobei die Figuren vielfältige Identifikationsangebote für Schüler_innen bieten. Formal überzeugt das Buch als reale Lebensgeschichte, wobei der große Spannungsbogen die Leser_innen in seinen Bann zieht. Sprachlich interessant macht das Buch die Verwen-

dung von intertextuellen Bezügen und unterschied-
lichen Textsorten, wobei die Einteilung in 19 Kapitel
leseungewohnten Schüler_innen entgegenkommt
und eine gleichzeitig chronologische wie problem-
orientierte Vorgehensweise erlaubt, die sich über
den Paratext, Kapitel 1, Kapitel 2 und 3, Kapitel 4 und
5, Kapitel 6 bis 12, Kapitel 13, Kapitel 14 bis 17 und
Kapitel 18 an das ganze Buch herantastet.

LITERARISCHES PROFIL DES ROMANS .... (u.3)

Themen

Auf einer ersten Ebene beschäftigt sich Marlene
Bierwirths Buch »Meine Medizin seid ihr!« mit einer
Krankheit: »Medulloblastom. Ein bösartiger embryo-
naler Tumor des Kleinhirns« (S. 13). Marlenes bislang
normales Leben gerät damit aus den Fugen: »[I]ch
verliere gleichzeitig die Kontrolle über mein Leben«
(S. 9). In mehreren Etappen wird zunächst ein Weg
beschrieben, der von ersten Symptomen (Schwindelgefühle, S. 14) bis zum letzten Eingriff (Portentfer-
nung, S. 284) reicht. Am Anfang steht dabei Marlenes Irrfahrt von Arzt zu Arzt bis zur ersten Diagnose:
»Als er [der Arzt] das Wort ›Tumor‹ ausspricht, zer-
springt meine kleine, heile Welt (S. 52). Es folgt Marlenes Odyssee von Klinikstation zu Klinikstation bis
zur zweiten Diagnose: »›Ihr Tumor ist leider doch
bösartig‹« (S. 86). Daran schließt sich Marlenes Lei-
densweg von Therapie zu Therapie an: »insgesamt
zwölf Chemoblöcke, [...] 70 Bestrahlungen und [...]
noch mal fünf Chemotherapien und die [...] Erhal-
tungschemotherapie« (S. 287). Am Ende steht die
Australienreise von Sehenswürdigkeit zu Sehenswürdigkeit: »Apollo Bay und [...] Twelve Apostles«
(S. 280). Damit geht für Marlene eine Achterbahn-
fahrt der Gefühle zu Ende: »Das war ein großer
Schritt, um das alles hier langsam, aber bestimmt
hinter mir zu lassen. Ich kann mit einem gesunden
Körper und ganz vielen neuen Erfahrungen in meine
Zukunft starten. Mann, ich hab richtig Bock, wieder
zu leben! Ich bin überglücklich« (S. 284).

Auf einer zweiten Ebene beschreibt das Buch die
Unterstützung während der Krankheit: »Von der
einen auf die andere Sekunde bin ich zu einem
schwerkranken Mädchen geworden, das Unterstützung und Hilfe braucht« (S. 12). In mehreren Krei-
sen wird dann ein Weg nachgezeichnet, der sich von
einer näheren bis zu einer entfernteren Begleitung
erstreckt: »[I]ch bin diesen Weg nicht allein gegangen. Ich hatte immer und zu jeder Zeit die beste
Unterstützung, die ich mir nur hätte wünschen können. Zuallererst natürlich durch meine Familie und
meine engsten Freunde. Ich habe aber auch unge-
ahnt über die sozialen Medien [...] viel Zuspruch und

Herzlichkeit erfahren« (S. 287). Wie sich die Kreise
der Familie, Verwandten, Freunde und Bekannten
überschneiden, wird bei Marlenes Klinikaufenthalt
in Essen deutlich: »Wer alles an meiner Seite war [...]:
angefangen mit Dietmar, gefolgt von meiner Tante Ute, Jule und Paula, meine Trash Queens, meiner
Mama, dann waren noch mein Onkel Ralf und seine
Frau Kerstin zu Besuch und meine Freundin Dana,
natürlich mein Liebster, Daniel, meine Schwester
Ira und zum krönenden Abschluss Lina und Tabea«
(S. 240). Damit übersteht Marlene eine Reise ins
Ungewisse: »Ich bin so gerührt von ihrer bedingungslosen Freundschaft und Liebe und Zuneigung
und voller Dankbarkeit. [...] [M]it ihnen kommt es
mir im Nachhinein vor wie eine anstrengende, aber
aufregende Reise« (S. 240). Deswegen geht Marlene
schließlich sogar so weit, sich für die Krankheit zu
bedanken: »Mit all diesen Menschen bin ich den
Weg gegangen, sind wir ihn gemeinsam gegangen.
Manchmal kann ich sogar so weit gehen und dem
Krebs ›Danke‹ sagen: ›Danke, dass ich durch dich so
viele tolle Menschen kennenlernen durfte!‹« (S. 285)

Auf einer dritten Ebene erläutert das Buch die *Ver-
arbeitung der Krankheit* mittels Medien: »Ich denke
die nächsten Tage viel [...] nach, es beschäftigt mich
beim Einschlafen und Aufwachen. [...] Wenn ich das
alles schon durchgemacht und bis ins kleinste Detail
erfahren habe [...], warum soll ich mein Wissen
nicht teilen und anderen damit eine Hilfe bieten?«
(S. 142) In mehreren Schritten wird schließlich ein
Weg dargestellt, der von der ersten Idee bis zur fina-
len Realisation reicht. Marlene beginnt offline mit
einem Tagebuch: »Das habe ich von meinen Eltern
geschenkt bekommen, kurz nachdem klar war, dass
der Tumor in meinem Kopf bösartig ist« (S. 141). Das
Tagebuch dient ihr als Verarbeitungshilfe und Erin-
nerungsstütze (S. 141). Später geht Marlene erst mit
einem Instagram-Account online: »Die positiven
Rückmeldungen sind es auch, die mich [...] darin
bestärken, ein Foto von mir auf Instagram hochzu-
laden, auf dem meine Glatze genau zu erkennen ist«
(S. 139), dann mit einem Blog: »Nachdem ich mich im
Schreiben ja erst mal geübt und alles noch mal meinen Eltern zum Lesen gegeben hatte, ist [...] mein

eigener Blog tatsächlich online gegangen« (S. 185). Tagebuch und Blog erfüllen für Marlene den Zweck, Wissen zu teilen (S. 143) und Verwandte zu informieren (S. 186), Hilfe anzubieten (S. 143) und Mut zu machen (S. 179), Bestätigung zu bekommen und Spaß zu haben (S. 186), überhaupt immer in Kommunikation (S. 238) und nie allein zu sein (S. 287).

Wie sie ihre Posts allmählich von Fotos (S. 139) über Texte (S. 184) bis zu Videos (S. 267) ausdehnt, steigert sie auch die Zahl ihrer Follower von wenigen Likes (S. 142) bis zu vielen Abonnements (S. 207), während die Kommunikation zunehmend wechselseitiger wird (einseitiges Wissensangebot: S. 143, wechselseitiger Meinungsaustausch: S. 238). Etwas später verknüpft Marlene online und offline in einem Blogger-Event: »Letztes Wochenende haben wir an einem Event von Blogger4Charity teilgenommen [...]. Als Natalie mich [...] über Instagram einlud, ihr Projekt mit meiner Community zu unterstützen, habe ich mich irre gefreut [...]. Ich war sehr gespannt, was der Tag alles bringen würde [...]. Allerdings war ich auch extrem aufgeregt, denn ich war nicht inkognito dort. Nein: Ich musste auf die Bühne!« (S. 270 f.) Das Event nutzt Marlene zum Kontakteknüpfen und Spendensammeln (S. 270), zum Sichvergewissern und Kräftetanken (S. 271). Noch später kehrt Marlene zum Offline-Format zurück: »Am ersten Oktober 2019 war es dann endlich so weit und mein Buch ging raus in die Welt« (S. 288). Das Buch erfüllt für Marlene die Aufgabe, ihre Erlebnisse und Gedanken festzuhalten und beides anderen Menschen zur Verfügung zu stellen (S. 289). Ihr Leben bleibt damit aus den Fugen: »[I]ch habe oft Sehnsucht nach meinem alten Leben, nach dem ›Davor‹« (S. 290).

Motive

Literarisch auffällig ist zunächst (mit Blick auf das Thema Krankheit) das *Motiv des Erwachsenwerdens*. Marlenes Krankheit zwingt sie dazu, Kindheit und Jugend schnell hinter sich zu lassen: »Damals konnte ich ja noch nicht wissen, wie erwachsen ich in so kurzer Zeit noch werden sollte« (S. 172). Der Übergang vollzieht sich auf die schmerzhafteste Weise: »[I]ch musste mit gerade mal 18 Jahren auf brutale Weise lernen, dass das Leben endlich ist« (S. 254). Diese Brutalität liegt vor allem auch in einem Gegensatz: Einerseits wird Marlene während ihrer Erkrankung volljährig und damit mündig, andererseits durch ihre Erkrankung zeitgleich auch entmündigt: »Ich bin 18 Jahre alt, das Leben geht los, ich werde erwachsen. Ich bin 18 Jahre alt – und plötzlich bleibt meine Zeit einfach stehen und mit ihr das

gerade erst entdeckte starke Gefühl der Eigenständigkeit« (S. 10, vgl. S. 105, 126).

Literarisch auffallend ist dann (hinsichtlich des Themas Unterstützung) das *Motiv des Freundschaftsbeweises*. »Der Freundschaftsbeweis ist der Archetyp einer freiwilligen Leistung für besonders geliebte Menschen. Seine Aussagekraft beruht auf der Mehrdeutigkeit des Freundschaftsbegriffs [›Freund‹ = Verwandter, Liebender, Liebhaber] und der sogar Selbsthingabe einschließenden Beweisform [...]. Der Mehrdeutigkeit von Freundschaft entspricht eine immer stärkere Unwiderlegbarkeit des Beweises, je größer Spontaneität, je geringer der eigene Vorteil und je kostbarer das Opfer der Bewährung ist« (Elisabeth Frenzel). Die Selbsthingabe zeigt sich zum Beispiel in der Begleitung Marlenes durch Verwandte, Freunde und den Partner während der Radiotherapie: »Ich bin so gerührt von ihrer bedingungslosen Freundschaft und Liebe und Zuneigung und voller Dankbarkeit« (S. 240). Die Spontaneität wiederum wird beispielsweise erkennbar in der ›Entführung‹ Marlenes durch die besten Freundinnen nach Straßburg: »Ich bin so glücklich, sie immer an meiner Seite zu wissen, ›in guten wie in schlechten Tagen‹. Und weiß nicht, was ich ohne sie machen würde. Unsere Freundschaft ist etwas ganz Besonderes und eines der wertvollsten Dinge, die es für mich auf dieser Welt gibt« (S. 200). Der geringe Vorteil indes äußert sich etwa in der Anteilnahme für Marlene aus weiter Ferne: »[Da sind] so viele Hunderte Menschen überall in Deutschland, die mit mir sprechen, mich trösten, aufheitern, Mut machen – und mir auch einfach nur zuhören, wenn ich Schutz und Sicherheit und Freundschaft brauche« (S. 276 f.).

Literarisch augenfällig ist schließlich das *Motiv des Schreibens übers Schreiben*, in komprimierter Form zu finden in Marlenes Reflexionen über ihren ersten Blogbeitrag vom 28. April 2017. Dort beschreibt sie nicht nur, worüber sie schreibt: »In meinem allerersten Beitrag habe ich von dem Tag erzählt, an dem ich ins Krankenhaus gekommen bin« (S. 185) oder worüber sie nicht schreibt: »Solange ich noch mitten in der Therapie stecke, gibt es [...] keine MRT-Ergebnisse oder Prognosen von mir im Internet« (S. 186); vielmehr beschreibt Marlene auch, wie sie schreibt: »erst mal geübt und alles noch mal meinen Eltern zum Lesen gegeben« (S. 185). Marlene erläutert dort aber auch, warum sie schreibt: »Mir hat gefallen, dass die Menschen weniger über mich spekulieren oder reden, weil ich das schon selbst erledige« (S. 185) und sie erklärt dort ebenfalls, wozu sie schreibt: »Seit dem Start meines Blogs bekomme ich außerdem E-Mails von anderen Betroffenen oder deren Angehörigen, denn meine Texte und Erfahrungen scheinen ihnen Mut zu machen und ein bisschen Kraft zu schenken« (S. 185 f.).

Figuren

Die Hauptfigur des Buchs, *Marlene Bierwirth*, wurde am 11. Dezember 1998 geboren (S. 251) und ist zum Zeitpunkt der Diagnose »metastasiertes Medulloblastom« 18 Jahre alt (S. 7). Sie hat lange dunkelblonde Haare (S. 79), die therapiebedingt zunehmend schwinden (teilrasiert: S. 79, kurzgeschnitten: S. 124, ausfallend: S. 128, abrasiert: S. 138, Perücke: S. 175), und schminkt sich (S. 132), weil es Spaß mache und Normalität vermittle (S. 268). Marlene wohnt mit ihrer Familie, der Katze Lemmy (S. 123) und den Hunden Igor und Leni (S. 125) in einer Kleinstadt (S. 23) und hat ihr Zimmer mit eigenem Eingang über den Hof (S. 40). Sie macht gerade ihr Abitur (S. 7, Studienwunsch: S. 146) und arbeitet nebenbei in einem Supermarkt (S. 14, für den Führerschein: S. 16). In ihrer Freizeit probt sie vor der Diagnose für ein Musical (S. 15), nach der Diagnose betreibt sie einen Instagram-Account (Fotos: S. 140, Texte: S. 184, Videos: S. 267). Weitere Hobbys sind Reiten, Fotografieren, Musikhören, Filmschauen (S. 10), Nachrichtenschreiben, Handyspielen (S. 35), Buchlesen (S. 134) und Verreisen (Griechenland: S. 43, Frankreich: S. 198, Irland: S. 206, Australien: S. 278). Eine enge Beziehung hat Marlene zu ihrer Mutter (S. 173), ein gutes Verhältnis zu ihrem Vater, ihrem Bruder Pinkus, ihrer Schwester Ira und den Pflegebrüdern Jan und Aaron (S. 11, später noch Erik: S. 90). Ihr Partner Daniel (S. 18) unterstützt sie ebenso wie ihre besten Freundinnen Lina und Tabea (S. 28) und viele weitere Verwandte und Bekannte. Insgesamt ist Marlene recht empfindlich, schon bei kleinen Verletzungen (S. 21) und schlechtem Essen (S. 64, Lieblingspizza: S. 147, Lieblingskuchen: S. 253). Bis zur Diagnose zeigt sie verschiedene Symptome (Schwindel: S. 14, Übelkeit: S. 19, Erbrechen: S. 22, Nackenschmerzen, Ohrensausen: S. 24, Sehprobleme: S. 27, Schluckauf: S. 33, Konzentrationsschwierigkeiten: S. 36, Müdigkeit: S. 51), bis zur Operation unterschiedliche Gefühle (Erleichterung: S. 58, Verwirrung: S. 67, Angst: S. 69, Überforderung: S. 72, Bedrohung: S. 76, Schreck: S. 78, Hilflosigkeit: S. 79, Panik: S. 80, Schock nach der OP: S. 84).

Marlenes *Mutter* ist Pädagogin und arbeitet von zu Hause aus für die Jugendhilfe, d. h., sie kümmert sich um die Pflegekinder (S. 11); den Wocheneinkauf erledigt sie in Marlenes Supermarkt (S. 15). In ihrer Freizeit ist sie bei ihren Pferden auf dem Reiterhof (S. 145). Ihre eigene Mutter ist vor Marlenes Geburt an Krebs gestorben (S. 10, früher Tod ihres Vaters: S. 167), weshalb Marlenes Mutter auf Biolebensmittel setzt und WLAN-Strahlen vermeidet (S. 119), später möglicherweise dennoch Schuldgefühle hat (S. 120 f.). Zu ihrem Mann hat sie ein inniges Verhältnis (S. 59), während sie ihrer Tochter wie eine beste Freundin zur Seite steht (S. 118, Ratschlag »Denk an was Schönes«: S. 69), ihr nicht nur die Haare wäscht (S. 130), sondern sie auch abrasiert (S. 138). Marlenes Mutter versucht, keine Schwäche zu zeigen, bricht aber in Tränen sowohl der Trauer (bei Auftauchen der Metastasen: S. 113) als auch der Freude aus (bei Verschwinden der Metastasen: S. 260).

Marlenes *Vater* ist ebenfalls Pädagoge und bei einer sozialen Einrichtung angestellt (S. 11). In seiner Freizeit scheint er gern zu kochen (Weihnachtsessen: S. 254). Seine eigenen Eltern sind gehörlos (S. 63) und seine Mutter wäre um ein Haar gestorben (S. 169). Für seine Tochter ist Marlenes Vater ein Held (S. 118), der sie mit Geschichten (S. 73), Witzen (S. 103) und Geschenken (S. 74) aufzumuntern sucht (Tipp »›nicht nur diese dunklen Tage [...] sehen‹«: S. 286), wohl auch, um die eigene Sorge zu kaschieren (S. 59). Gemeinsam mit seiner Frau berät er Marlene in Sachen Instagram bzw. Datenschutz (S. 187).

Marlenes leibliche Geschwister sind der 21-jährige Bruder *Pinkus* und die 15-jährige Schwester *Ira*, ihre Pflegebrüder sind der 18-jährige *Aaron* und der elfjährige *Jan* (S. 11), später noch der zweijährige *Erik* (S. 90). Pinkus arbeitet schon, Ira, Aaron und Jan gehen zur Schule und Erik besucht den Kindergarten (S. 145). In seiner Freizeit spielt Pinkus Gitarre (S. 214), während sich Ira um ihren Hund kümmert (S. 125). Beide haben ein vertrautes Verhältnis zu ihrer Schwester (S. 119), auch wenn Marlene Ira um ihr Haar beneidet (S. 232). Mit ihr veranstaltet Marlene jedoch ein Fotoshooting (S. 180) und mit Pinkus gründet sie später eine Geschwister-WG (S. 288). Ira geht Marlenes Therapie so zu Herzen, dass sie einmal einen Zusammenbruch erleidet (S. 234).

Daniel hat Marlene über einen Grundschulfreund kennengelernt (S. 18) und ist seit dem 6. September 2015 mit ihr zusammen (S. 211). Er hat schwarze Haare (S. 57), braune Augen (S. 18), braungebrannte Haut (S. 157) und trägt einmal Cap und Tanktop (S. 156). Daniel wohnt mit Mutter und Bruder Mathias (S. 18) in einem Dorf neben der Kleinstadt (S. 258) und studiert an der Universität (S. 58). Seine Freizeit verbringt er mit Marlene (Shoppen: S. 230), mit Filmschauen (S. 18), Fotografieren (S. 151) und Fußballspielen (S. 182). Mit seiner Familie versteht sich Daniel gut, gehen sie doch gern zusammen essen (S. 50). Insgesamt ist er eher ruhig und hilfsbereit (S. 18), wenn er Marlene regelmäßig besucht (S. 92), ihr Kraft gibt (S. 114), sie erheitert (S. 157) und ihr beim Bloggen hilft (S. 178) – auch wenn Marlene zwischendurch an ihrer Liebe zweifelt (S. 21) und von ihm abrückt (S. 123).

Lina und Tabea sind Marlenes beste Freundinnen seit der Oberstufe (S. 32). Während Lina inzwischen die Schule gewechselt hat (S. 32), macht Tabea erst ein Freiwilliges Soziales Jahr (FSJ) im Kindergarten (S. 147) und arbeitet dann als Au-Pair in Australien (S. 275). In ihrer Freizeit gehen sie mit Marlene Pizza essen (S. 146), fahren zusammen nach Straßburg (S. 198), besuchen gemeinsam ein Musical (S. 237) und das Kino (S. 274) und reisen zusammen durch Australien (S. 278). Wie Daniel sind auch sie überaus liebenswürdig, wenn sie Marlene zum Abitur Süßigkeiten vorbeibringen (S. 32) und ihr im Krankenhaus ein Kuscheltier schenken (S. 68). Insgesamt scheint Lina gefasster als Tabea zu sein (S. 115).

Erzähltechnik

Die wesentlichen Schauplätze des Buchs sind Marlenes Zuhause in einer Kleinstadt (S. 23), dort vor allem der Familienraum Küche (S. 38) und der Rückzugsraum eigenes Zimmer (S. 40), sowie ihre Heimatklinik in der Nachbarstadt (S. 46), dort insbesondere die Kinderkrebsstation (S. 101). In Marlenes Heimatstadt befinden sich außerdem diverse Praxen (Hausarzt: S. 23, Physiotherapeut: S. 26, Optiker: S. 28, HNO-Arzt: S. 36, Augenarzt: S. 42), Einrichtungen (Supermarkt: S. 14, Schule: S. 17, Reitstall: S. 195) und Erholungsgebiete (See: S. 155, Wäldchen: S. 258), in ihrer Heimatklinik wiederum verschiedene Stationen (Ophthalmologie: S. 45, Neurologie: S. 46, Radiologie: S. 51, Neurochirurgie: S. 88). Weitere wichtige Orte sind Daniels Zuhause im Nachbardorf (S. 258), die Kinderwunschklinik in einer anderen Stadt (S. 107) sowie die Uniklinik in Essen (S. 216). Namentlich erwähnt werden Straßburg (Ausflug, S. 196), Oberhausen (Shopping und Musical, S. 220), Frankfurt (Essen, S. 269) sowie die Great Ocean Road in Australien (Reise, S. 276). Namenlos bleiben die Orte des Pizza- (S. 146) und Eisessens (S. 148), des Fotografierens (S. 179) sowie des Filmschauens (S. 261).

Geschildert wird der *Zeitraum* von Juli 2016 (Erkrankung, S. 14) bis Januar 2019 (Heilung, S. 287), rund um den 24. März 2017 (Diagnose, S. 44). Das erzählte Geschehen nimmt 18 jeweils mit einer thematischen Überschrift versehene Kapitel ein. Den Kapiteln angefügt ist ein Nachwort, eingeschoben sind

ihnen Instagram-Posts (S. 211, 273) sowie ein Songtext (S. 236). In kursiven Buchstaben stehen Gedanken (z. B. S. 7), Betonungen (z. B. S. 9), Eigennamen (z. B. S. 16), Zitate (z. B. S. 21) sowie englische Wörter (z. B. S. 33), in Großbuchstaben ebenfalls Betonungen (z. B. S. 27).

Die Kapitel weisen eine überwiegend *chronologische Struktur* auf, durchbrochen von einzelnen Rückblenden (Kapitel 2 und 3, Teile von Kapitel 5), die der Erklärung der Ereignisse und der Erzeugung von Spannung dienen.

Das Geschehen wird mit Blick auf die *Narratologie* aus der Ich-Perspektive der Hauptfigur Marlene erzählt (dank personalen Erzählverhaltens mit Innensicht in die Erzählerin und mit Nähe zu ihr). Sie berichtet von den Ereignissen und kommentiert sie. Die Personenrede wird direkt und mit Anführungszeichen wiedergegeben, die Gedanken direkt und kursiv.

Hinsichtlich des *Genres* handelt es sich um eine Autobiografie, Marlene Bierwirths Beschreibung des eigenen Lebens während der Krebserkrankung, zudem eine Art Coming-of-Age-Geschichte, Marlene Bierwirths Erwachsenwerden während der und durch die Krankheit.

Sprache

Das Buch ist eher von kürzeren Sätzen und parataktischem Satzbau geprägt. Immer wieder tauchen darin thematisch passende *intertextuelle Bezüge* auf, darunter auch einige Lieder, die sich zu einem Soundtrack von Marlenes Leben zusammenfügen und in der jeweiligen Situation als Mutmacher fungieren (»Little Hollywood«: beim Ausflug, »Leicht«, »Sowieso«: bei der Behandlung, »Complicated«: beim Auftritt):

Bezug	Erläuterung
Versteckte Kamera (S. 9)	Sendung
Hairspray (S. 16)	Musical
Little Hollywood (S. 149)	Lied von Alle Farben
kimspiriert (S. 174)	Blog (Kims Kampf gegen Brustkrebs)
Leicht (S. 190)	Lied von Lina
Sowieso (S. 190)	Lied von Mark Forster
Club der roten Bänder (S. 190)	Serie (Alltag mehrerer Jugendlicher im Krankenhaus)

Bezug	Erläuterung
Das Schicksal ist ein mieser Verräter (S. 191)	Roman und Film (Liebe zweier totkranker Jugendlicher)
Tarzan (S. 237)	Musical
Siedler (S. 258)	Spiel
Blogger4Charity (S. 269)	Organisation
Complicated (S. 271)	Lied von Avril Lavigne
Germany's Next Topmodel (S. 273)	Casting-Show

Insgesamt liegt die sprachliche Stärke des Buchs in seiner jugendnahen und hoffnungsfrohen Sprache, wie sie schon der Titel »Meine Medizin seid ihr!« mit dem Anredepronomen »ihr« und dem Ausrufezeichen andeutet. Damit hat die Sprache beste Chancen, ihre Wirkung bei jugendlichen Leser_innen zu entfalten.

Spannungsbögen

Die *Spannung* baut die Autobiografie entlang eines großen Bogens auf, der im Untertitel mit der Ankündigung beginnt, »[w]arum man den Krebs nicht allein besiegt« und den Erfolg im Kampf gegen den Krebs schon vorwegnimmt.

Im Einzelnen entsteht Spannung dann in dreifacher Hinsicht. Zunächst setzt das erste Kapitel Spannungssequenzen (*suspense*), was bei Leser_innen Entscheidungsfragen provoziert, zum Beispiel: Wird Marlene die Krankheit besiegen?

Dann präsentiert das zweite Kapitel ein Rätselgeschehen (*mystery*), das bei Leser_innen eine große Ergänzungsfrage aufwirft, etwa: An welcher Krankheit leidet Marlene?

Schließlich sorgen die weiteren Kapitel für Überraschungsmomente (*surprise*), wenn sie Leser_innen urplötzlich mit Fragen konfrontieren, beispielsweise: Was bringt die Krankheit noch alles mit sich?

Die Beantwortung dieser (und weiterer) Fragen sorgt schließlich dafür, dass *kein offenes Ende* verbleibt: »Ich habe den Krebs überlebt, mein Abitur nachgeholt [...] und jede Menge neuer Erfahrungen im Gepäck. Ich darf mein Leben wieder weiterleben« (S. 287).

Stilmittel

Marlene Bierwirth arbeitet in ihrer Autobiografie mit Sprachbildern und Stilmitteln, die das Lesevergnügen erhöhen und zusätzliche Bedeutungsschichten erschließen.

Das vielleicht wichtigste Stilmittel verbirgt sich in den vielfältigen Schilderungen von Haaren, *Symbol* der »Lebenskraft, Macht, Weisheit und Erinnerung bzw. von deren Manipulation und Zerstörbarkeit; des Todes, der Demütigung und Verzauberung« (Christiane Holm).

Wie also während Marlenes Behandlung Lebenskraft, Macht über das eigene Leben und die eigene Erinnerung allmählich schwinden, so verschwinden zunehmend auch die Haare:

- Langes Haar: »Ich habe meine Haare wirklich regelrecht gezüchtet, noch nie zuvor in meinem Leben hatte ich so lange Haare« (S. 124)
- Teilrasur: »Zum Glück wird dabei [bei der OP] nur ein Streifen Haare abrasiert, den Rest meiner geliebten Haare kann ich behalten« (S. 79)
- Kurzhaarschnitt: »Der Haarausfall ist die ganze Zeit über eine meiner größten Ängste. Darum möchte ich sie schon mal kürzer schneiden, um [...] wenigstens bei einer Sache die Kontrolle zu behalten [...]. Tabea, Lina und Daniel sitzen hochgespannt auf meinem Bett, während ich mir vor dem Spiegel meine noch vorher geflochtenen Zöpfe abschneide.« (S. 123 f.)
- Haarausfall: »Als ich mich kratzen will, fahre ich durch meine völlig verklebten Haare. Zumindest durch die, die noch übrig geblieben sind [...], denn der lange von mir so gefürchtete Haarausfall hat nun tatsächlich vor ein paar Tagen eingesetzt.« (S. 128)
- Komplettrasur: »Kurz bevor Mama dann anfängt, betrachte ich mich und meine Haare, besser gesagt: meinen Knoten, noch ein letztes Mal. Dann surrt der Rasierer.« (S. 138)
- Perücke: »Meine Perücke ist endlich angekommen [...]. Leider muss ich schnell zugeben: Das ist nicht meins, und ich fühle mich mit ihr nicht wirklich wohl. Es sind einfach nicht meine eigenen Haare [...].« (S. 175)
- Nachwachsendes Haar: »Das war's also: keine Chemo mehr, keine Übelkeit oder Appetitlosigkeit mehr, bald kein Mundschutz mehr und last, but not least: Meine Haare können wieder wachsen!« (S. 281)
- Spätfolgen: »Umso mehr ich mich vom Krebs entferne, desto mehr realisiere und merke ich, dass ich aufgrund meiner Halbglatze fragende, interessierte und verwirrte Blicke auf mich ziehe. Ich bin sauer auf den Krebs, dass er mir einen, mir sehr wichtigen Teil, ein Stück meiner ›Normalität‹, genommen hat und auch nicht wiedergeben kann.« (S. 291)

DEUTUNGSPERSPEKTIVEN

»Meine Medizin seid ihr!« wirft gleich am Anfang die Frage nach dem Warum auf: »Wieso passiert mir so etwas?« (S. 10) Damit einher geht schon eingangs ein Gefühl der Schuld: »Die eigenen Eltern und den eigenen Bruder wegen einem selbst so traurig zu sehen, ist grauenvoll, ich fühle mich absurderweise schuldig« (S. 10). Zugleich deutet sich – passend zum Untertitel »Warum man den Krebs nicht allein besiegt« – schon zu Beginn eine Antwort an: »[D]ie liebevolle Art und der vorsichtige, zärtliche Umgang von Mama, Papa und Pinkus tun mir gut und geben mir Kraft und das Gefühl, das hier durchhalten zu können« (S. 10).

Genauer sucht Marlene zunächst die Schuld für ihre Erkrankung bei sich: »Bin ich ein schlechter Mensch? Habe ich etwas in meinem Leben falsch gemacht? Ich beginne an mir selbst zu zweifeln« (S. 127). Dann aber weist sie die Schuld von sich: »Die Ärzte sagen, keiner weiß, wieso wir den Krebs bekommen haben, warum wir die ›Auserwählten‹ sind. Es ist schlicht und einfach Zufall. Ich hätte nicht mehr Sport treiben oder mich noch gesünder ernähren müssen, damit der Krebs mich verschont hätte. Die Tatsache, dass keiner und nichts dafür verantwortlich ist, beruhigt mich irgendwie« (S. 163 f.).

Daraufhin sieht Marlene die Erkrankung positiv, für sich: »Das, was mich früher geärgert hätte, bringt mich heute gar nicht mehr aus der Ruhe, das, was ich vor dem Tumor übersehen habe, fällt mir jetzt als etwas ganz Besonderes und Wertvolles auf« (S. 172) sowie für andere: »[W]ir kämpfen für alle mit, die es nicht schaffen oder es vielleicht nie geschafft hätten und deshalb verschont geblieben sind« (S. 164). Schließlich zieht sie aus ihrer Erkrankung die Lehre: »›Hör auf damit! Es bringt nichts, dich kleiner zu machen, als du bist‹« (S. 173).

»Meine Medizin seid ihr!« endet mit einem Appell: »Das Leben ist dafür da, um gelebt zu werden, sich Herausforderungen zu stellen, sich aber den Spaß nicht nehmen zu lassen und niemals zu vergessen, wie froh man sein kann, am Leben zu sein! Vergesst niemals: das Leben ist schön!« (S. 291) Genau das stößt bei den jugendlichen Leser_innen auch einen *Prozess des Nachdenkens* an und bewerkstelligt den Übergang in bzw. das Einwirken auf deren Realität: »Wie habe ich immer gesagt? Nach jedem Tief kann nur ein Hoch kommen. Nach jedem Regen kommt auch wieder Sonne« (S. 290).

METHODENKISTE

Die folgende »Methodenkiste« ist als Pool zur Planung einer Unterrichtseinheit zur Autobiografie »Meine Medizin seid ihr!« gedacht. Sie verbindet anzustrebende Kompetenzen im Deutschunterricht mit möglichen Textumgangsweisen in einem Unterricht zum Buch. Dabei beziehen wir uns auf die von der Kultusministerkonferenz (KMK) verabschiedeten »Bildungsstandards für das Fach Deutsch für den Mittleren Bildungsabschluss«, die die verbindliche Grundlage für alle in den Ländern zu entwickelnden Lehr- und Bildungspläne in der Sekundarstufe I darstellen.

In der rechten Spalte geben wir jeweils mögliche Beispiele für eine konkrete Umsetzung im Unterricht. Hier finden sich auch Verweise zu den

Kopiervorlagen und Infoblättern in diesem Heft. Zahlreiche methodische Möglichkeiten sprechen mehrere Bildungsstandards an. Wir haben uns zum Zwecke der Übersichtlichkeit jeweils für einen Bildungsstandard des Bereiches 3.3 (»Lesen – mit Texten und Medien umgehen«) entschieden. Häufig lassen sich auch evidente Bezüge zu den Bildungsstandards der anderen Bereiche herstellen.

Darüber hinaus stehen die vorgeschlagenen Methoden in Verbindung mit einem fächerübergreifenden Ansatz (v. a. mit beruflichen Fächern wie Pflege oder allgemeinbildenden Fächern wie Religion/Ethik, Musik und Kunst), den Sie je nach Klassensituation, Vorwissen und Interessen der Schüler_innen modifizieren können.

Bildungsstandards	Methoden	Beispiele
→ Verschiedene Lesetechniken beherrschen		
• Über grundlegende Lesefertigkeiten verfügen: flüssig, sinnbezogen, überfliegend, selektiv, navigierend lesen	• Ein Kapitel bzw. eine besonders wichtige oder spannende Stelle (vor)lesen • Die Auswahl individuell begründen	• → k.2–k.9 • Weitere Textstellen nach Wahl
	• Ein Kapitel oder einen Textausschnitt mit verteilten Rollen oder gestaltend vorlesen und aufnehmen	• Telefonat → k.8 • Weitere Textstellen nach Wahl
	• Bestimmte Textinhalte auffinden und ein den Text erschließendes Unterrichtsgespräch anhand von Leitfragen führen	• Hilfsmittel Zeilometer → k.1 • → k.2–k.9
→ Strategien zum Leseverstehen kennen und anwenden		
• Leseerwartungen und -erfahrungen bewusst nutzen	• Cluster oder Mindmap erstellen; damit einhergehend eine Leseerwartung aufbauen, Vorwissen aktivieren; ein Lesemotiv formulieren	• Genre → k.2 • Figurenkonstellation, soziale Medien → k.7 • Zur Vorbereitung der Trailer-Analyse → k.6 • Zur Vorbereitung auf die Schuldfrage → k.8 • Zur Vorbereitung des Info-Flyers → k.9
	• Bezüge zur eigenen Lebenswirklichkeit herstellen	• Eigene Vermutungen, Erfahrungen, Urteile → k.2–k.9
• Textschemata erfassen, z.B. Textsorte, Aufbau des Textes	• Die Erzählkonstruktion analysieren	• Anlass, Absicht, Zielgruppe→ k.2, k.7 • Genre → k.2 • Rückblende (Analepse) → k.4 • Spannung(sbögen) • Erzähltechnik (Narratologie)
• Verfahren zur Textstrukturierung kennen und selbstständig anwenden	• Wesentliche Textstellen kennzeichnen	• Lesetabelle, Lesetagebuch, eigener Instagram-Account → k.2–k.9 • Zitate → k.2–k.5, k.7
	• Den Text gliedern	• Tabellen → k.2, k.5–k.9 • Diagramme → k.3, k.4, k.6 • Lesetabelle, Lesetagebuch, eigener Instagram-Account
	• Kapitelüberschriften formulieren, austauschen und diskutieren	• Alternativer Buchtitel, Untertitel • Kapitelüberschriften diskutieren, reformulieren
	• Fragen aus dem Text ableiten	• Zu Zitaten und Textstellen → k.2–k.9 • Zur eigenen Lebenswirklichkeit → k.2–k.9
	• Bezüge zwischen Textteilen herstellen	• Inhalt, Form, Sprache → k.2–k.9
• Verfahren zur Textaufnahme kennen und nutzen	• Texte und Textabschnitte zusammenfassen	• Tabellen → k.2, k.5–k.9 • Diagramme → k.3, k.4, k.6 • Lesetabelle, Lesetagebuch, eigener Instagram-Account
	• Eine Inhaltsangabe auch mithilfe von Satzstreifen oder anderen Hilfsmitteln erstellen	• Inhaltsangabe einer Website → k.3 • Inhaltsangabe eines Trailers → k.6 • Inhaltsangabe eines Animationsfilms → k.9 • Eigener Klappentext • Inhaltsangabe aus Satzbausteinen • Inhaltsangabe als Lückentext
	• Eine wichtige Textstelle visualisieren	• Küche, Zimmer → k.4 • Fotos von wichtigen Orten für Marlene
	• Fragen zum Text stellen und beantworten	• Auf jeder Kopiervorlage möglich
	• Einen Lückentext bearbeiten	• Medulloblastom → k.4 • Lückentexte für Figurencharakterisierungen ausgehend von → u.3
	• Stichwörter formulieren und damit ein Kapitel nacherzählen	• Lesetabelle, Lesetagebuch, eigener Instagram-Account

Bildungsstandards	Methoden	Beispiele
→ Literarische Texte verstehen und nutzen		
• Ein Spektrum altersangemessener Werke – auch Jugendliteratur – bedeutender Autorinnen und Autoren kennen	• Leben und Werk der Autorin kennenlernen	• Autorin → i.1 • Interview → i.2 • Poster, Handout, Referat
	• Thematisch verwandte Jugendromane kennenlernen	• Vgl. → i.6 • www.beltz.de/lehrer
• Zentrale Inhalte erschließen	• Einsatz anderer Medien/inhaltlich entsprechend orientierter Zusatztexte zur Erarbeitung der Buchthemen	• Interview → i.2, k.2, k.9 • Figurenkonstellation → i.3, k.7 • Tabellarische Kapitelübersicht → i.4 • Weiterführende Literaturhinweise → i.5 • Info-Boxen → k.2 • Website → k.3 • Lexikoneinträge → k.4, k.6 • Intertexte → k.2, k.6, k.9 • Marlenes Instagram-Account → k.7 • Animationsfilm → k.9 • Blog kimspiriert • TV-Reportage über Marlene
• Wesentliche Elemente eines Textes erfassen, z.B. Figuren, Raum- und Zeitdarstellung, Konfliktverlauf	• Den zeitlichen Verlauf des Buchs erarbeiten und darstellen	• Tabellarische Kapitelübersicht → i.4 • Tabellen → k.5–k.8 • Diagramme → k.3, k.4 • Lesetabelle, Lesetagebuch, eigener Instagram-Account • Zeitstrahl an der Wand (Chronologie)
	• Eine Figurenkonstellation / ein Soziogramm erarbeiten	• Figurenkonstellation → i.4 • Figureninterview → k.3 • Steckbrief → k.5 • Marlene – Daniel → k.5 • Marlene – Begleiter → k.7 • Marlene – Eltern → k.9 • Weitere Steckbriefe • Figurenpaten
	• Die Beziehung zwischen Figuren herausarbeiten	• Figurenkonstellation → i.4 • Marlene – Daniel → k.5 • Marlene – Begleiter → k.7 • Marlene – Eltern → k.9 • Autorin vs. Protagonistin (Narratologie)
	• Figuren charakterisieren; relevante Textstellen mithilfe der Kapitelübersicht auffinden → i.4	• Marlene → k.3 • Daniel → k.5 • Figurenpaten • Figureneinkleidung, Figurenbiografie
	• Handlungsräume analysieren, auch hinsichtlich der Symbolik	• Küche, Zimmer → k.4 • Klinik (Glühwürmchen) → k.8 • Straßburg, Australien
	• Ein Motiv über das ganze Buch hinweg verfolgen	• Diagnose, Therapie → k.2–k.9 • Erwachsenwerden → k.4 • Freundschaftsbeweis → k.7 • Schreiben übers Schreiben (Metapoetik) → k.7
	• Den Konfliktverlauf zwischen Figuren grafisch bzw. verbal darstellen	• Marlene – Ärzte
• Wesentliche Fachbegriffe zur Erschließung von Literatur kennen und anwenden	• Die Erzählperspektive wechseln: eine Textstelle aus anderer Perspektive erzählen	• Perspektive Daniels → k.5 • Perspektive weiterer Figuren
	• Leerstellen des Buchs füllen	• Weiteres Leben → k.9 • Interview → i.2

Bildungsstandards	Methoden	Beispiele
	• Den Spannungsverlauf untersuchen / eine Spannungskurve erstellen	• Spannungsbögen, Spannungsfragen
	• Einen inneren Monolog einer Figur verfassen	• Perspektive Daniels → k.5 als innerer Monolog • Marlenes Gedanken → k.8 weiterschreiben
• Sprachliche Gestaltungsmittel in ihren Wirkungszusammenhängen und in ihrer historischen Bedingtheit erkennen, z. B. Wort-, Satz- und Gedankenfiguren, Bildsprache (Metaphern)	• Die Namen von Figuren oder Schauplätzen unter die Lupe nehmen	• Krankenhaus (Glühwürmchen) → k.8 • Bedeutung von Songtiteln oder Songtexten
	• Sprachliche Bilder/Metaphern und mögliche Symbole im Text erkennen, ihre Bedeutung verstehen und über ihre Leistungen diskutieren	• Zahl 18 → k.4 • Küche, Zimmer → k.4 • Haare → k.6 • Krankenhaus (Glühwürmchen) → k.8
	• Redeformen (Figurenrede, Erzählerrede) identifizieren	• Kursivdruck → k.8 • Erzähltechnik (Narratologie)
	• Stilaspekte untersuchen	• Genre → k.2 • Instagram-Post → k.7 • Sprach-/Stilanalyse als Vorbereitung auf den Dramentext → k.8
• Eigene Deutungen des Textes entwickeln, am Text belegen und sich mit anderen darüber verständigen	• Eine kontroverse Diskussion zu bestimmten Aspekten oder Figuren führen	• Themen, Motive und Figuren → k.2–k.9 • Positionslinien zur Frage »Heilung durch Freundschaft?«, »Bewältigung durch soziale Medien?«
	• Mittels Alter-Ego-Technik die möglichen Gedanken von Figuren darstellen	• Fantasiereise → k.2 • Perspektivwechsel → k.5 • Innere Monologe
	• Eine Rezension zum Buch verfassen	• Anstelle der Fünf-Finger-Methode → k.9 • Lesetagebuch, eigener Instagram-Account
• Analytische Methoden anwenden	• Den Inhalt eines Textabschnitts rekonstruieren und wiedergeben	• → k.2–k.9 • Lesetabelle, eigener Instagram-Account
	• Den antizipierten und realen Handlungsverlauf vergleichen	• Erwartungen ausgehend von Song, Buchtitel, Untertitel → k.2 • Erfüllung der Erwartungen bei der Fünf-Finger-Methode → k.9
	• Ein Kapitel mit einem subjektiven »Untertext« versehen	• Zu jedem Kapitel möglich
	• Handlungsmotive einer Figur herausarbeiten	• Marlene → k.3 • Daniel → k.4 • Begleiter → k.7 • Eltern → k.9 • Weitere Figuren
	• Den thematischen Hintergrund des Buchs erhellen	• Krankheit und Behandlung → k.4, k.6 • Familie und Freunde → k.7 • Soziale Medien → k.7
	• Eine gemeinsame Reflexion der Lektüre durchführen	• Fünf-Finger-Methode → k.9 • Offenes Abschlussgespräch
• Produktive Methoden anwenden	• Ein eigenes Lesetagebuch bzw. einen Leseordner zum Buch führen	• Lesetabelle, Lesetagebuch, eigener Instagram-Account
	• Einen Comic oder eine Fotostory zu einem Kapitel des Buchs erstellen	• Ausgehend von Bühnenbild → k.4 und Dramentext → k.8
	• Ein fiktives Interview mit einer Figur führen	• Figureninterview Marlene → k.3 • Perspektive Daniels → k.5 als Interview • Interview mit Familienmitgliedern (Eltern) • Interview mit Freunden (Lina, Tabea)
	• Einen fiktiven Dialog zwischen Figuren verfassen	• Schüler_innen – Marlene → k.3 • Daniel – Eltern → k.5 • Marlene – Buchverlag

Bildungsstandards	Methoden	Beispiele
• Produktive Methoden anwenden (Forts.)	• Gedanken und Gefühle der Figuren imaginieren	• Daniels Perspektive → **k.5** • Marlenes Gefühle → **k.8**
	• Das Buch weiterdenken und -schreiben	• Weiteres Leben → **k.9** • Erlebnisse in Australien weiterschreiben • Marlenes Instagram-Account analysieren
	• Einen Brief einer Figur an eine andere Figur verfassen	• Briefe Vater an seine Eltern • Briefe Daniel an Kommiliton_innen • Dankesbriefe Marlene an Wegbegleiter_innen
	• Eine Reportage bzw. einen Zeitungsbericht über eine Textstelle verfassen	• Figureninterview → **k.3** als Zeitungsinterview • Weiteres Zeitungsinterview mit Marlene nach Heilung/in Australien
	• Ein literarisches Rollenspiel z.B. zu einer Szene durchführen	• Dramentext, Rollenspiel → **k.8** • Unterhaltung Marlene, Lina, Tabea in Australien
	• Einen Handlungsort oder eine Szene malen, zeichnen oder nachbauen	• Küche, Zimmer → **k.4** • Krankenhaus → **k.8** • Weitere Orte (Dorf, Wald, See etc.)
	• Eine thematische Aktion durchführen	• Info-Poster → **k.3** • Freundschafts-Test → **k.7** • Info-Flyer → **k.9** • Besuch Pflegeschule, Krankenhaus, Hospiz → **k.9**
	• Ein Rätsel zu einem Kapitel oder zum Buch erstellen bzw. lösen	• Spannungsfragen • Kreuzwort-, Silbenrätsel
	• Ein alternatives Titelbild erstellen	• Cover für Lesetabelle, Lesetagebuch • Visuelle Gestaltung eigener Instagram-Posts
	• Ein Plakat bzw. eine Collage zum Buch erstellen	• Poster → **k.3** • Steckbrief als Plakat → **k.5**
	• Ein Hörspiel verfassen	• Intertextuelle Bezüge als Mixtape
• Handlungen, Verhaltensweisen und Verhaltensmotive bewerten	• Sympathie/Antipathie zu den Figuren thematisieren	• Fünf-Finger-Methode → **k.9** • Figurenkonstellation mit Sympathie-/Antipathie-Pfeilen
	• Zu den Figuren Stellung beziehen, ihr Verhalten und Handeln bewerten und kommentieren	• Marlene → **k.3, k.8** • Daniel → **k.5** • Begleiter → **k.7** • Eltern → **k.9** • Fünf-Finger-Methode → **k.9**

→ Sach- und Gebrauchstexte verstehen und nutzen

Bildungsstandards	Methoden	Beispiele
• Hintergrundinformationen suchen, verstehen, auswerten und vergleichen	• Eine Collage erstellen	• Alternatives Buchcover • Cover für Lesetabelle, Lesetagebuch • Visuelle Gestaltung eigener Instagram-Posts • Autorin, Themen, Motive

→ Medien verstehen und nutzen

Bildungsstandards	Methoden	Beispiele
• Informationsmöglichkeiten nutzen	• Internet- und Buchrecherche zu Themen des Buchs	• Auf jeder Kopiervorlage möglich • Weiterführende Literaturhinweise → **i.5**
• Medien zur Präsentation und ästhetischen Produktion nutzen	• Powerpoint-Präsentationen bzw. Hypertexte erarbeiten, vorstellen und reflektieren	• Schauplätze • Themen • Motive • Intertextuelle Bezüge

»Meine Medizin seid ihr!« im Unterricht © Beltz Verlag · Weinheim und Basel

VORSCHLAG FÜR EINE UNTERRICHTSEINHEIT u.6

Wir möchten Ihnen hier ein Grobraster für eine Unterrichtseinheit zum Buch »Meine Medizin seid ihr!« vorstellen, das nach dem Grundsatz »erschließend, nicht erschöpfend« vorgeht. Die Einheit besteht, unterstützt durch die Infoblätter und Kopiervorlagen[1] aus diesem Heft, aus drei Modulen:
• Modul A: Vor dem Lesen (Paratext, Kapitel 19)
• Modul B: Während des Lesens (Kapitel 1 bis 18)
• Modul C: Nach dem Lesen (ganzes Buch)

Um den Überblick über das Buch zu behalten, bietet sich der Einsatz einer Lesetabelle an (→ k.2), in der die Schüler_innen kapitelweise Stichworte zu Schauplätzen, Zeiten, Figuren und Ereignissen notieren. Auch eine Erweiterung zu einem Lesetagebuch mit mehr Raum für Reflexionen und Illustrationen ist denkbar. Eine zum Buch passende Form der Ergebnissicherung ist die Erstellung und Bestückung eines eigenen Instagram-Accounts. Als Orientierung kann dabei das Projekt drama.to.go des Düsseldorfer Schauspielhauses dienen: https://www.instagram.com/drama.to.go (Stand: Dezember 2021).

Das ganze Buch sollten die Schüler_innen möglichst nach **k.8** gelesen haben.

Modul A: Vor dem Lesen
(ca. 2 Unterrichtsstunden)

• Lesekompetenz: Songtext, Buchtitel, Untertitel, Kapitel 19
• Textanalyse: Schreibanlass, Schreibabsicht, Zielgruppe, Genre, Intertextualität
• Übertragung auf Lebenswirklichkeit: eigene Vermutungen und Erfahrungen
• Produktion: Tabelle, Zeilometer, Lesetabelle
→ Bearbeitung mithilfe der Kopiervorlagen **k.1–k.2**
→ Weitere Anregungen aus der »Methodenkiste« in diesem Heft → **u.5**

Modul B: Während des Lesens
(ca. 12 Unterrichtsstunden)

• Lesekompetenz: Kapitel 1 bis 18, Instagram-Post, Internet (Text, Film)
• Textanalyse: Krankheit und Behandlung, Familie und Freund_innen, Erwachsenwerden, Freundschaftsbeweis, Schreiben übers Schreiben
• Übertragung auf Lebenswirklichkeit: eigene Vermutungen und Erfahrungen,
• Produktion: Tabellen, Lückentext, Diagramme, Bühnenbild, Steckbrief, Test, Dramentext, Rollenspiel, Poster
→ Bearbeitung mithilfe der Kopiervorlagen **k.3–k.8**
→ Weitere Anregungen aus der »Methodenkiste« in diesem Heft → **u.5**

Modul C: Nach dem Lesen
(ca. 2 Unterrichtsstunden)

• Lesekompetenz: Kapitel 19, ganzes Buch
• Textanalyse: Lebenstipps, Songtext, Interview
• Übertragung auf Lebenswirklichkeit: eigene Vermutungen, Erfahrungen und Urteile, Einrichtungen vor Ort
• Produktion: Tabelle, Info-Flyer, Fünf-Finger-Methode
→ Bearbeitung mithilfe der Kopiervorlage **k.9**
→ Weitere Anregungen aus der »Methodenkiste« in diesem Heft → **u.5**

---

1 Jede Kopiervorlage genügt für eine Doppelstunde, ist nach den Lernzielstufen des Deutschen Bildungsrats mit den entsprechenden Operatoren formuliert und nach einem Stundenverlauf von 1. Einstieg, 2. Erarbeitung (Präsentation nach jeder Nr. 2 möglich), 3. Sicherung, 4. Transfer und ggf. 5. Hausaufgabe formatiert. Wechsel der Sozialform (Unterrichtsgespräch, Einzel-, Partner-, Gruppenarbeit) überwiegend nach eigenem Ermessen.

(i) Infoblätter

© privat

i.1 DIE AUTORIN MARLENE BIERWIRTH

Marlene Bierwirth wohnt in Mittelhessen. Sie reist gerne, ist mit ihren Freundinnen und Freunden oder ihrer Familie unterwegs, reitet, singt im Chor und liebt es, ins Kino zu gehen.

Mit 18 Jahren bekam Bierwirth die Diagnose »metastasiertes Medulloblastom« – ein bösartiger Hirntumor. Nach einem Jahr Chemotherapie und Bestrahlung ist sie heute tumorfrei mit guter Prognose, dass es auch so bleibt.

Bierwirth studiert Erziehungswissenschaften und Kunst und hat viele Pläne für die Zukunft.

Ihr Buch über diese Zeit »Meine Medizin seid ihr!« wurde ein SPIEGEL-Bestseller. Dort verrät Bierwirth über sich: »Ich bin 22 Jahre alt und werde in einigen Monaten 23. Ich wohne in meiner zweiten WG, studiere im vierten Semester und mache viele Dinge, die mir Spaß bereiten. Ich habe Hobbys wiederentdeckt und merke, wie sich mein Körper Schritt für Schritt erholt. Dem Krankenhaus statte ich mittlerweile auch nur noch zwei Mal im Jahr einen Besuch ab« (S. 289).

i.2 INTERVIEW MIT MARLENE BIERWIRTH: »MEINE MAMA KANN BIS HEUTE NICHT MEIN BUCH LESEN«

Marlene Bierwirth über ihr Leben mit und nach dem Krebs, ihre Gefühle von Wut und Dankbarkeit und ihr Buch als Mutmacher für uns alle

? *Liebe Marlene, wann bist du zuletzt an deiner Klinik vorbeigekommen?*

Ich wohne in derselben Stadt, in der meine Klinik ist, in Gießen im wunderschönen Mittelhessen. Deshalb kommt es immer mal wieder vor, dass ich dort vorbeikomme. Ich erinnere mich dann an meine Zeit dort und dabei kommt es mir oft so vor, als wäre alles nur ein Film gewesen. Mein Leben heute ist so anders als damals und dafür bin ich dankbar, denn nur durch diese Klinik und ihre Ärzte stehe ich heute hier, als gesunde junge Frau.

? *Du schreibst in deinem Buch: »Ich bin sauer auf den Krebs, dass er mir ein Stück meiner ›Normalität‹ genommen hat.« Ist das immer noch so?*

In gewisser Weise bin ich immer noch oder immer wieder sauer auf den Krebs. Am allermeisten vermisse ich meine Haare. Durch die Bestrahlung wachsen an meinem Hinterkopf keine mehr und der Rest ist sehr dünn und schütter. Vor allem vermisse ich aber auch die Unbeschwertheit, die ›vollkommene‹ Gesundheit, wenn man das so sagen kann. Ich merke einfach immer wieder, dass ich kleine Einschränkungen habe, die andere in meinem Alter nicht haben oder die ich früher nicht hatte.

Hast du Angst, dass der Tumor zurückkommen könnte?

(überlegt) Jein. Ich habe natürlich die Angst, aber ich lasse mich von dieser Angst nicht einschränken. Man muss das Thema irgendwann hinter sich lassen und das Leben danach leben. Ich versuche einfach, auf meinen Körper zu hören. Und solange es mir gut geht, muss ich eigentlich auch keine Angst haben. Ich weiß jetzt, wie die Symptome sind, und kann sie im schlimmsten Fall dann auch erkennen.

 Der Titel deines Buchs ist »Meine Medizin seid ihr!« ...

... mit diesem Titel möchte ich verdeutlichen, dass für mich die Unterstützung durch meine Familie, Freunde und all die Menschen da draußen unheimlich wichtig war. Ich weiß nicht, ob ich das alles ohne sie so gut durchgestanden und überstanden hätte. Die Ärzte selbst haben mir immer wieder gesagt, ich solle stark sein und müsse kämpfen. Und genau diese mentale Stärke haben meine Mitmenschen mir gegeben. Wir alle waren die meiste Zeit positiv und das war sehr schön und hat mir sehr geholfen.

 Wie ist die Idee zu deinem Buch entstanden?

Als mein Verlag mir eine E-Mail geschrieben hat. Ich hätte niemals selbst gedacht, ein Buch zu schreiben, aber als dann die Möglichkeit da war, habe ich sie gerne angenommen. Mit meinem Buch möchte ich den Menschen Mut machen, zeigen, dass das Leben trotz einer schwierigen Zeit weitergeht und dass man das Beste daraus machen sollte. Das Leben ist viel zu schön, um es sich von einer Krankheit verderben zu lassen.

 Wie hast du aus Tagebuch, Blog und Instagram-Account ein Buch gemacht?

Nachdem ich eine Gliederung hatte, habe ich einfach drauflos geschrieben. Ich hatte keine Vorbilder oder eine klare Regel, für mich war nur die richtige Reihenfolge wichtig, also von Beginn der Symptome bis zur letzten Chemotherapie.

 Dein Buch wirkt trotz allem sehr optimistisch. Hast du nie den Mut verloren?

Den Mut habe ich tatsächlich nur einmal kurz nach der Operation am Hirn verloren, als die Schmerzen unerträglich waren und ich mir kaum vorstellen konnte, wie es weitergehen sollte. Gottseidank kam es danach nie wieder ernsthaft zu solchen Momenten. Das hört sich immer alles so einfach an, ich weiß. Doch irgendwie habe ich für mich gewusst, dass ich das schaffen würde. Außerdem haben mir meine Eltern ein großes Gefühl von Sicherheit und Stärke gegeben.

 Nur an wenigen Stellen kritisierst du das Gesundheitswesen. Gäbe es nichts zu verbessern?

Mit Sicherheit gibt es am gesamten Gesundheitssystem vieles zu verbessern, das will ich gar nicht abstreiten. Doch ich muss ehrlicherweise sagen, dass es in meinem Buch nicht meine Aufgabe war, mich mit diesem Thema auseinanderzusetzen. Das hätte ich auch gar nicht leisten können, dafür bin ich zu wenig im Thema. Ich habe lediglich meine Geschichte, meine Gedanken und meinen Weg zur Gesundheit beschrieben.

 Was hat deine Krankheit mit deinem Umfeld gemacht?

Die Krankheit hat natürlich vieles verändert, auch meine Mitmenschen. Ich glaube, nein, ich weiß, dass vor allem meine Eltern sehr gelitten haben und sehr traurig waren. Meine Geschwister mussten zurückstecken und stark bleiben, obwohl auch sie immer wieder auf das Thema angesprochen wurden. Meine Freunde und mein damaliger Freund mussten vieles ertragen und auch für sie war es vor allem anfangs sehr hart. Als der erste Schock überwunden war und langsam ein Alltag mit der Krankheit entstanden ist, wurde es leichter. Heute weiß ich, dass vor allem meine Eltern, besonders meine Mama, immer wieder und immer noch sehr sensibel sind. Und ich merke, wie der Krebs ihnen ein Stück Leichtigkeit genommen hat. Meine Mama kann zum Beispiel bis heute nicht mein Buch lesen.

 Du schreibst in deinem Buch auch über das Schreiben ...

... mit dem Schreiben verbinde ich ein Gefühl von Freiheit und Selbstbestimmtheit. Ich kann meinen Gedanken freien Lauf lassen, ohne auf andere Meinungen zu hören. Ein weiteres Buch habe ich deswegen aber erst mal nicht geplant. (lacht) Aktuell muss ich ja viel für die Uni schreiben, da bleibt leider wenig Energie für anderes, was aber total okay ist.

Auf Instagram schreibst du noch viel.

Stimmt. Durch meine Krankheit habe ich noch mehr Spaß daran gefunden und es zu meiner eigenen kleinen Welt gemacht, meinem eigenen kleinen Tagebuch. Es zeigt meine Zeit von der Erkrankung bis heute und es ist immer wieder schön zu sehen, dass ich es geschafft habe und gesund bin. Viele Menschen sind durch Instagram auf mich und das Thema aufmerksam geworden und folgen mir. Einfach abzubrechen, würde ich auch für sie schade finden.

 Bist du eigentlich immer noch so gern in der Küche deiner Eltern?

Ein klares Ja! Obwohl sich mittlerweile einiges verändert hat, da meine Eltern umgezogen und ich ausgezogen bin. Die Küche bei meinen Eltern ist einfach der Ort, an dem die Familie zusammenkommt. In der Küche werden ernste und weniger ernste Themen besprochen, es kann gelacht, aber auch geweint werden. Hier findet das Leben statt und das lieben wir alle.

 Welches Lied läuft bei dir im Moment in Dauerschleife – immer noch »Little Hollywood«?

Ich muss zugeben, so genau kann ich das gar nicht sagen, denn es gibt so viele gute Künstler und meine Lieblingslieder ändern sich natürlich immer wieder. Eins meiner absoluten Lieblingslieder für immer ist aber »Starving« von Hailee Steinfeld. Ansonsten höre ich gerne Songs, mit denen ich Erinnerungen verbinde. Oder Deutsch-Pop, weil ich gerne die Texte verstehe und mich in ihnen gerne wiedererkenne.

 Wie ist dein Leben nach Australien weitergegangen?

2019 war ein Jahr voller Höhen und Tiefen. Ich habe mich von meinem Freund getrennt, bin von zu Hause ausgezogen und habe mein Studium angefangen. Ich hatte wirklich das Gefühl, jetzt geht es endlich wieder los, jetzt startet endlich wieder mein normales Leben, komplett ohne Krebs und mit dem Abitur in der Tasche. Leider ist dann meine Oma verstorben, was unglaublich traurig war, denn ich hatte bis dahin noch nie einen Menschen verloren. Trotzdem habe ich versucht, den Sommer in vollen Zügen zu genießen, war viel auf Reisen und Events, habe neue Leute kennengelernt und mit meinen Freunden gefeiert. Im Herbst wurde dann mein Buch veröffentlicht und war nach einem Tag gleich Spiegel-Bestseller. Deswegen habe ich auch einige Talkshows besucht, was ich mir niemals erträumt hätte. Inzwischen studiere ich im fünften Semester. Mal schauen, wie es dann weitergeht.

 Hast du keine Pläne für die Zukunft?

Werde ich danach gefragt, antworte ich immer: »Ich will glücklich sein«. Ich habe zwar ungefähre Pläne, lasse aber alles auch gern auf mich zukommen. Ich habe ja am eigenen Leib erfahren, dass man nicht alles im Leben planen kann und es auch komplett anders kommen kann als gedacht. Ich nehme alles mit, was geht, und mache das, was mir guttut.

 Warum sollten Schülerinnen und Schüler dein Buch lesen?

Weil es zeigt, wie unfair das Leben sein kann, wie man aber auch mit solchen Situationen umzugehen lernen kann. Ich hoffe, dass mein Buch und meine Überlebensstrategie Schülern Mut machen. Außerdem ist mein Buch mitten aus dem Leben einer Schülerin geschrieben. Ich glaube, damit könnte ihre Freude am Lesen geweckt werden.

 Gibt es die Geburtstags-Reportage über dich übrigens noch irgendwo zu sehen?

Die Reportage von Arte gibt es auf YouTube, sie heißt »Zu jung zum Sterben – junge Erwachsene kämpfen gegen Krebs«.

Marlene, vielen Dank für das Gespräch.

Interview: Dr. Peter Schallmayer (Februar 2022)

FIGURENKONSTELLATION

Die Figuren sind in (Unterstützer_innen-)Kreisen rund um die treibende Kraft des Geschehens, die Protagonistin, angeordnet. Die Schriftgröße gibt ihre (diskutable) Bedeutung für die Protagonistin wieder.

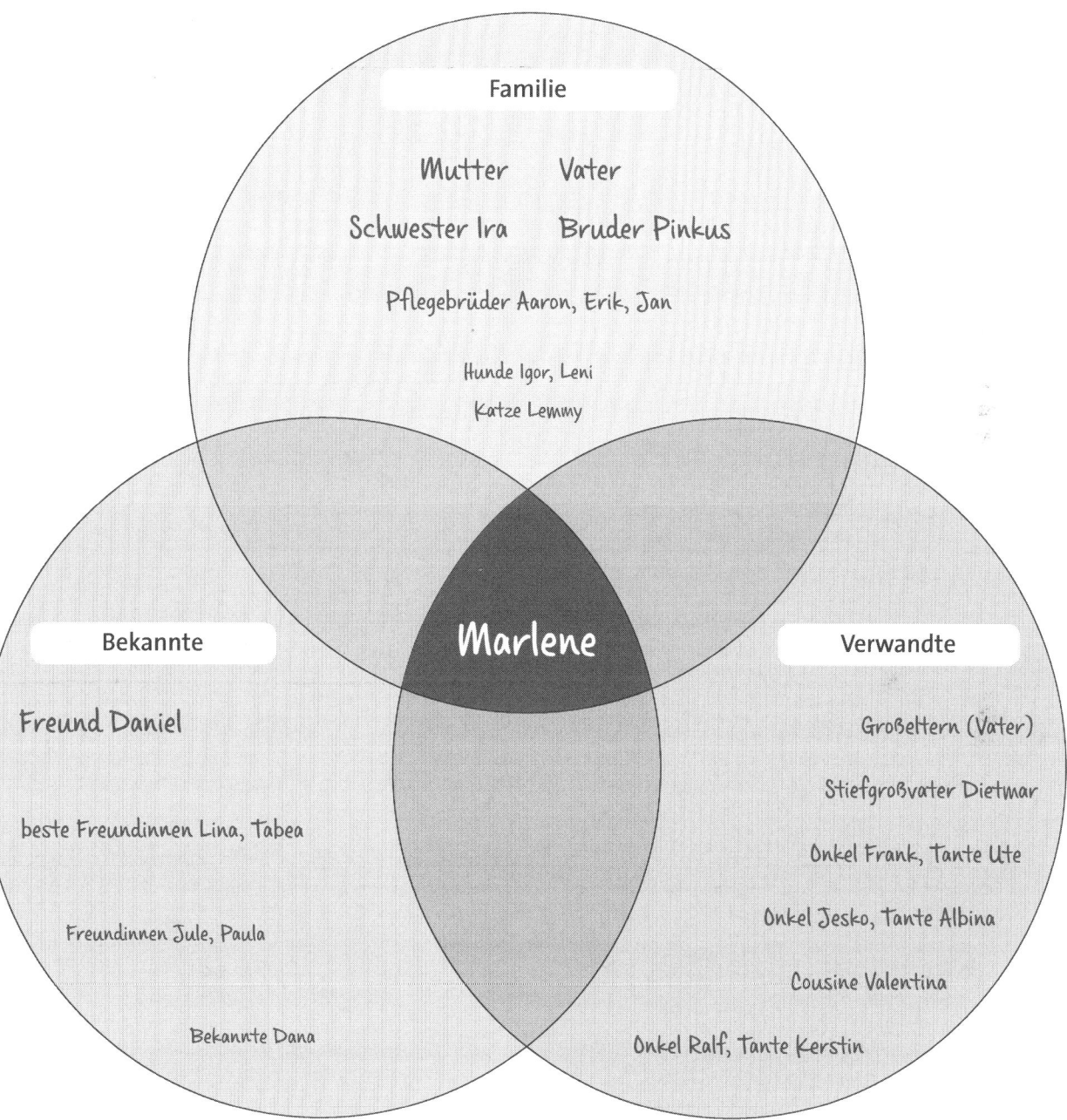

Familie

Mutter Vater

Schwester Ira Bruder Pinkus

Pflegebrüder Aaron, Erik, Jan

Hunde Igor, Leni

Katze Lemmy

Bekannte **Marlene** **Verwandte**

Freund Daniel

beste Freundinnen Lina, Tabea

Freundinnen Jule, Paula

Bekannte Dana

Großeltern (Vater)

Stiefgroßvater Dietmar

Onkel Frank, Tante Ute

Onkel Jesko, Tante Albina

Cousine Valentina

Onkel Ralf, Tante Kerstin

TABELLARISCHE KAPITELÜBERSICHT

Kap.	Seite	Erzähltes Geschehen (*Bezug auf Kapitelüberschrift*)
1	7–13	24. März 2017. In der Notaufnahme der Uniklinik erhält Marlene Bierwirth im Beisein ihres Vaters die Diagnose Medulloblastom, Hirntumor. Dabei *will sie doch gar nicht mehr* als ihr Abitur machen! Noch am selben Tag bekommt Marlene ein Zimmer auf der neurologischen Station im dritten Stock, wo sie ihre Mutter und ihr Bruder Pinkus besuchen.
2	14–29	[Rückblick] Juli 2016. Während ihrer Schicht im Supermarkt bekommt Marlene Probleme mit dem Gleichgewicht, was sich auch auf die anschließende Musical-Probe in der Aula der Schule auswirkt. Ihr Unwohlsein steigert sich bei Freund Daniel in einen Anfall von Übelkeit. Oktober 2016. Beim Familienessen in der Küche überkommt Marlene der Ekel und bei der Arbeit muss sie sich übergeben. Fünf Wochen später beginnt sie mit einer Therapie wegen angeblicher Essstörungen. Februar 2017. Aufgrund von Nackenschmerzen sucht Marlene die Praxis ihres Hausarztes auf und erhält Medikamente. Zwei Wochen später kommt sie zusätzlich mit Ohrensausen wieder und bekommt Krankengymnastik verschrieben. Wiederum einige Wochen später besucht Marlene wegen anhaltender Schwindelgefühle den Brillenladen eines Bekannten. Sie fragt sich, *ob sie sich das alles nur einbildet.*
3	30–52	[Rückblick] März 2017. Während ihrer ersten Abiturklausur in der Schule bekommt Marlene, neben der Übelkeit und des Schwindels, Schluckauf. Sie sucht die Praxis des HNO-Arztes auf, der einen Hörsturz diagnostiziert. Zu Hause muss sie sich übergeben. Am nächsten Tag, dem 24. März 2017, sucht Marlene die Praxis eines Augenarztes auf, der sie als Notfall in eine Augenklinik überweist. Nach Untersuchungen mittels OCT, Scan der Augen, und MRT, Scan des Kopfes, steht fest, *ihre Augen sind in Ordnung*, aber Marlene hat einen Hirntumor.
4	53–82	25. März 2017. Ein Narkosearzt führt mit Marlene und ihren Eltern das Vorgespräch, drei Tage später ein Neurochirurg das Aufklärungsgespräch über die bevorstehende Operation, dies alles begleitet von Besuchen ihres Freundes und ihrer besten Freundinnen Lina und Tabea sowie geprägt vom Wunsch eines *Schnitzels auf einer Insel*. Einen Tag später wird sie auf die neurologische Intensivstation verlegt und am nächsten Tag zur Operation in den OP im Keller begleitet.
5	83–97	April 2017. Beim Abschlussgespräch mit den Ärzten sehen Marlene und ihre Eltern *diese Gesichter:* Der Tumor ist bösartig. [Rückblick] März 2017. Nach der Operation wird Marlene für ein MRT in den Keller gebracht und anschließend auf die neurochirurgische Station verlegt. In den nächsten Tagen erhält sie Besuch von ihren Eltern, ihrem Freund, ihren Freundinnen, ihren Verwandten und ihren Schulfreundinnen. Nach anfänglicher Schwäche kommt Marlene wieder zu Kräften und hofft auf Entlassung aus der Klinik.
6	98–109	April 2017. Marlene kehrt nach Hause zurück, muss aber zu verschiedenen Terminen in die Klinik kommen. Auf der pädiatrisch-onkologischen Station wird sie über den Therapieplan informiert und später einer Lumbalpunktion, Untersuchung des Nervenwassers, unterzogen. In der Kinderwunschklinik einer anderen Stadt wird ihr aufgrund der bevorstehenden Strahlentherapie Eierstockgewebe entnommen und wegen der anstehenden Chemotherapie auch ein Portkatheter im Brustbereich eingesetzt. Trotz ihrer Volljährigkeit fühlt sich Marlene fremdbestimmt und *will schreien.*
7	110–127	Über fünf Tage hinweg erhält Marlene in der Klinik *das allererste Mal* Chemotherapie, genauer den ersten Chemoblock des ersten Zyklus. Es folgen zehn Ruhetage zu Hause. Inzwischen musste sie von ihrem Zimmer in das zugänglichere Schlafzimmer ihrer Eltern umziehen. Dort schneidet sich Marlene in Anwesenheit von Daniel, Tabea und Lina auch die Haare ab, bevor sie selbst ausfallen können. Sie denkt über ihre Schuld an der Krankheit und an der Trauer ihres Umfelds nach.
8	128–139	Vor Beginn des zweiten Chemoblocks wird Marlene in der Klinik ein Rickham-Reservoir, Portkatheter im Kopf, implantiert. Nach weiteren Infusionen auch über das Implantat, Besuchen ihrer Familie und Gesprächen mit ihrer Zimmergenossin Sarah lässt sie sich von ihrer Mutter die inzwischen ausfallenden Haare ganz abrasieren und witzelt, *ob jemand Extensions brauche.*
9	140–153	Juni 2017. Bei sich zu Hause präsentiert Marlene Lina und Tabea ihre neue Frisur und will *einfach nur lachen* darüber. Sie beginnt neben dem Tagebuch auch Fotos auf Instagram zu posten, die Daniel mit seiner neuen Kamera macht. Ein Stück Normalität kehrt zurück, als Marlene in ihr eigenes Zimmer zurückzieht und sie mit Lina und Tabea in ihrer Stadt Pizza essen sowie die Aussicht auf einem Berg genießen geht.

Kap.	Seite	Erzähltes Geschehen (*Bezug auf Kapitelüberschrift*)
10	154–170	Juli 2017. Nach dem dritten Chemoblock fährt Marlene mit ihrer Familie und Daniel an einen See. Es entsteht ein Foto, das auf Instagram viele Reaktionen hervorruft. Zurück in der Klinik, beginnt Marlene inzwischen routiniert den vierten und letzten Chemoblock des ersten Zyklus. Nach Infusionen in Brust und Kopf stellt sie Gedanken darüber an, weshalb gerade sie die Krankheit bekommen hat. Marlene erhält Besuch von ihren Großeltern väterlicherseits, die ihr gefühlt *Millionen Schlafanzüge* schenken. Gemeinsam freuen sie sich über den inzwischen schrumpfenden Tumor.
11	171–181	Vor dem zweiten Zyklus liegt Marlene zu Hause in ihrem Zimmer, verflucht die Nebenwirkungen der Therapie und denkt über ihre veränderte Wahrnehmung nach. Einige Tage später präsentiert sie Daniel ihre neue Perücke und ist froh über seine Unterstützung. Zusammen mit Schwester Ira machen sie eine Fotosession im Dorf, bevor Onkel Jesko, Tante Albina und Cousine Valentina zu Besuch kommen. Sie begreift, *dass es die kleinen Augenblicke sind, die zählen.*
12	182–200	Über fünf Tage hinweg erhält Marlene den ersten Chemoblock des zweiten Zyklus und viele Besuche in wechselnden Konstellationen. Inzwischen bloggt sie regelmäßig und erhält viel Zuspruch. Zu Hause kommt Marlene wieder zu Kräften, unterbrochen von regelmäßigen Blutkontrollen in der Klinik. Dabei erinnert sie sich an eine Bluttransfusion, die einmal aufgrund schlechter Blutwerte nötig geworden war. Marlene verbringt schon *ganz normal schöne Tage*, etwa als sie mit Lina und Tabea nach Straßburg fährt.
13	201–242	Juli 2017. Am Ende des zweiten Zyklus, nach insgesamt vier Monaten oder 50 Tagen auf Station, wird Marlene aus der Klinik entlassen. Die nächsten Wochen verbringt sie mit ihren Freunden und Verwandten, mit ihrem Blog und ihrem Instagram-Account, wo sie das 15.000ste Abo feiert. Nach sechs Wochen sucht Marlene das Westdeutsche Protonentherapiezentrum in Essen auf und beginnt mit der Strahlentherapie, 35 Tage lang von Montag bis Freitag, mehrmals am Tag, sieben Wochen lang. Dabei wird sie wöchentlich von anderen Personen begleitet, Stiefgroßvater Dietmar, Tante Ute, Freundinnen Jule und Paula, Mutter, Daniel, Ira, Lina und Tabea. Neben der Bestrahlung erhält Marlene Tabletten gegen die Übelkeit, aber erneut auch Transfusionen und Infusionen. Unter der Woche wohnt Marlene im Elternhaus des Zentrums, die Wochenenden verbringt sie zu Hause oder bei Daniel. Inzwischen geht ihr Instagram-Account, auf den sie Texte über ihren Gesundheitszustand stellt, durch die Decke und beschert ihr unverhofft eine Einladung zum Musical in Oberhausen. Als Marlene Essen endgültig verlässt, kommt es ihr vor wie Jahre später. Aber *sie ist immer noch 18 Jahre alt.*
14	243–250	4. Dezember 2017. In der Klinik beginnt Marlene mit der Erhaltungschemotherapie. Sie spürt: *Sie ist wie sie* inzwischen, die Menschen dort. Über sechs Monate hinweg erhält Marlene nun ambulant Injektionen, um den Tumor gänzlich verschwinden zu lassen. Dabei wird sie einmal von einer Mutter als Bloggerin erkannt und gebeten, der Tochter Trost zu spenden.
15	251–255	11. Dezember 2017. Marlene wird für eine Reportage in der Klinik von einem Kamerateam begleitet. *In der Hauptrolle: ein Geburtstagskind*, feiert sie doch an diesem Tag ihren 19. Geburtstag.
16	256–264	An Weihnachten muss Marlene zu einer weiteren Transfusion in die Klinik. Die nächste Zeit verbringt sie im Kreis ihrer Familie und mit Freundinnen und Freunden. Eine Ärztin überbringt ihr die freudige Nachricht, dass der Tumor nicht mehr zu sehen sei. Bei einer nächtlichen Fahrt vorbei an der Klinik, deren Fenster *wie Glühwürmchen leuchten*, verspürt Marlene Wehmut, hofft aber auch, sich dort bald nie wieder aufhalten zu müssen. Auf Instagram findet sie inzwischen einige Nachahmer.
17	265–277	Marlenes Blutwerte sind *so tief gesunken*, dass sie weitere Transfusionen in der Klinik erhält. Daneben wird sie fünf Tage lang wegen einer Gürtelrose behandelt. Inzwischen hat Marlene das Deutschabitur nachgeholt und lernt lustlos für die weiteren Prüfungen. Lieber postet sie Videos auf Instagram und besucht ein Blogger-Event.
18	278–287	24. Januar 2019. Marlene hat die Schule und die Behandlung erfolgreich abgeschlossen und ist mit Lina und Tabea nach Australien gereist. Dort fragt sie sich ungläubig: *Normalität, bist du das?* [Rückblick] Juni 2018. Marlene erhält ihre letzte Infusion auf der Kinderstation der Klinik. Eine Woche später findet im Beisein ihrer Eltern das Abschlussgespräch statt. Marlene ist komplett tumorfrei. Wiederum sechs Wochen später hinterlässt sie in der Klinik einen Handabdruck an der Wand der Genesenen. Dort wird ihr auch der Port entfernt. Auf dem australischen Campingplatz zwischen Apollo Bay und Twelve Apostles kann Marlene ihr Glück kaum fassen, all die Unterstützung, Freundschaft und Liebe erfahren zu haben.
19	288–291	[Nachwort]

i.5 WEITERFÜHRENDE LITERATURHINWEISE ....

Thematisch verwandte Jugendromane

- John Green: **Das Schicksal ist ein mieser Verräter.** München: dtv, 2014.
  »Krebsbücher sind doof«, sagt die 16-jährige Hazel, die selbst Krebs hat. Sie will auf gar keinen Fall bemitleidet werden und kann mit Selbsthilfegruppen nichts anfangen. Bis sie in einer Gruppe auf den intelligenten, gut aussehenden und umwerfend schlagfertigen Gus trifft ...
  Ein Buch zum Thema Krebs.
- Stefanie Höfler: **Der große schwarze Vogel.** Weinheim und Basel: Beltz & Gelberg, 2019.
  Der Tag, an dem Bens Mutter völlig unerwartet stirbt, ist ein strahlender Oktobertag. Ben erzählt von der ersten Zeit danach und davon, wie er, sein Bruder Krümel und Pa damit klarkommen – oder eben nicht. Auch wenn mit einem Mal nichts mehr so ist, wie es war, das Leben geht nicht nur irgendwie weiter, sondern es passieren neue, verwirrende und ganz wunderbare Dinge ...
  Ein Buch zum Thema Familie.
- Dominik Bloh: **Unter Palmen aus Stahl.** Weinheim und Basel: Beltz & Gelberg, 2021.
  Dominik Bloh war noch ein Teenager, als seine Geschichte auf den Straßen Hamburgs begann. Seine Kindheit war geprägt von Lügen, Gewalt und Drogen. Mit 15 sind Gangster seine Idole, mit 16 wirft ihn die psychisch kranke Mutter aus der Wohnung. Es folgt der freie Fall in die Obdachlosigkeit: nicht wissen, wohin, ständig in Bewegung sein, Hunger, Kälte und Einsamkeit. Trotz allem versucht er, ein Maß an Normalität aufrechtzuerhalten ...
  Ein Buch zum Thema Autobiografie.

Sachliteratur und Medien

- Siddharta Mukherjee: **Der König aller Krankheiten. Krebs – eine Biografie.** Köln: DuMont, 2015.
  In seiner perfiden Perfektion, in seiner Anpassungsfähigkeit und seiner Widerstandskraft nimmt der Krebs beinahe menschliche Züge an. Seine Geschichte gleicht einer Biografie: Es ist die Geschichte von Leid, von Forscherdrang, Ideenreichtum und Beharrlichkeit – aber auch von Hochmut, Arroganz und unzähligen Fehleinschätzungen.
- **Club der roten Bänder.** Universum, 2016–2017.
  Die Jugendlichen Leo, Jonas, Emma, Alex, Toni und Hugo führen ein ganz besonderes Leben: Sie müssen eine lange Zeit im Krankenhaus verbringen. Verbunden durch das gleiche Schicksal und den Ver-

such, ein normales Leben zu führen, werden sie zu einer eingeschworenen Gemeinschaft, unterstützen einander und spenden sich gegenseitig Hoffnung.
- **Hairspray.** Warner, 2008.
  Die vollschlanke Tracy Turnblad mit der turmhohen Frisur und einem noch größeren Herzen kennt nur eine Leidenschaft: den Tanz. Sie träumt von einem Auftritt in der »Cony Collins Show«, der hipsten TV-Dance-Party in Baltimore. Eigentlich ist Tracy für die Show wie geschaffen – doch sie hat ein gar nicht so kleines Problem: Sie passt einfach nicht hinein. Doch Tracy lässt sich nicht entmutigen.
- **Sticker in My Suitcase.** B1, 2019.
  Album der Band »Alle Farben« mit dem Lied »Little Hollywood«.
- **Ego.** BMG, 2017.
  Album der Musikerin Lina mit dem Lied »Leicht«.
- **TAPE.** Four Music, 2016.
  Album des Musikers Mark Forster mit dem Lied »Sowieso«.
- **Let Go.** Arista, 2002.
  Album der Musikerin Avril Lavigne mit dem Lied »Complicated«.

Pädagogische und didaktische Literatur

- Christel Schwalb: **Sozialkompetenz digital. So lernen Schüler/innen den verantwortungsbewussten Umgang mit Smartphone und Co.** Weinheim: Beltz, 2015.
  Kinder und Jugendlichen leben häufig in einer digitalen Parallelwelt, die sich Lehrer_innen nicht immer vollständig erschließt. Zwar verbringen sie einen Großteil ihrer Freizeit mit Kommunikation – doch die findet häufig in sozialen Netzwerken, per Chat, SMS oder in Videospielen statt. Ziel dieses Buchs ist es, den Medienkonsum Heranwachsender in einer Weise zu gestalten, mit der sich alle Beteiligten wohlfühlen.

Internet-Links (Stand: Dezember 2021)

- https://www.instagram.com/marlene_biwt
  Instagram-Account von Marlene Bierwirth.
- http://kimspiriert.de
  Internet-Blog von Kim.
- https://www.instagram.com/drama.to.go
  Projekt drama.to.go des Düsseldorfer Schauspielhauses.

Lesezeichen und Zeilometer

Dieses Lesezeichen hilft dir, einzelne Textstellen zu finden oder dich mit deinen Mitschülerinnen und Mitschülern über bestimmte Textstellen zu unterhalten: Lege dazu einfach das Zeilometer an den oberen Buchrand. Die Zahlen sind dann die jeweiligen Zeilen. Natürlich kannst du dein Zeilometer auch individuell gestalten.

MARLENE BIERWIRTH

MEINE MEDIZIN SEID IHR!

GEMEINSAM SIND WIR STÄRKER ALS DER KREBS

SPIEGEL Bestseller
Jetzt als Taschenbuch

GULLIVER

We're washed up stars

Das ist Marlene Bierwirths Lebensgeschichte …

1. Begib dich auf eine Fantasiereise:

→ Schritt 1: Mache es dir auf deinem Platz bequem und schließe deine Augen.

→ Schritt 2: Höre das Lied »Little Hollywood« von Alle Farben.

→ Schritt 3: Öffne deine Augen und beschreibe deine Gedanken und Gefühle.

Methode
Eine **Fantasiereise** ist eine meditative Methode, mit der du dich entspannen und ganz persönlich auf ein Thema einlassen kannst. Sie aktiviert die Vorstellungskraft und trainiert die Konzentrationsfähigkeit. Entspannungsübungen können dir helfen, dich besser auf die Methode einzulassen: »Atme gleichmäßig ein und aus«, »Deine Arme und Beine sind jetzt ganz schwer« etc.

für Profis
Erkläre, was folgende Zitate aus dem Lied (S. 236) über die Vergangenheit, die Gegenwart und die Zukunft der Figuren im Lied verraten.
• »We got everything we need in our neighborhood« (Wir hatten alles, was wir brauchen, in unserer Nachbarschaft)
• »We're washed up stars« (Wir sind gescheiterte Stars)
• »Everything's gon' be good« (Alles wird gut werden)

2. Lies den Titel und den Untertitel des Buchs und spekuliere, um was es im Buch gehen könnte.

Info
Der **Buchtitel** dient dazu, Interesse zu wecken. Deswegen ist er oft allgemeiner formuliert. Der Untertitel wiederum hat die Aufgabe, den Inhalt des Buchs näher zu bestimmen. Er ist daher häufig konkreter.

3. Lies das letzte Kapitel des Buchs und prüfe, warum und wozu die Autorin Marlene Bierwirth das Buch geschrieben hat. Für wen hat sie es vielleicht besonders geschrieben?

Info
Der **Schreibanlass** ist der Auslöser für die Entstehung eines Buchs und die **Schreibabsicht** das, was dieses Buch bei seiner Zielgruppe, den Leserinnen und Lesern, auslösen soll. Ziehe dazu auch das Interview mit der Autorin heran (→ i.2).

Seite	Schreibanlass (warum?)	Seite	Schreibabsicht (wozu?)	Zielgruppe (für wen?)

4. Entscheide mithilfe des folgenden Clusters, in welches Genre das Buch gehört.

5. Schneide zu Hause das Zeilometer aus (→ k.1) und lege eine Lesetabelle an.

Methode
Eine **Lesetabelle** sorgt für Überblick bei einem Buch. Besorge einen Schnellhefter und erstelle eine Tabelle: Kapitelüberschrift, Seitenzahlen, Figuren, Orte, Handlung, eigene Gedanken. Fülle die Tabelle zu jedem Kapitel aus.

Thriller · Ratgeber · Fachbuch · Biografie · Autobiografie · Gesellschaftsroman · Entwicklungsroman · Fantasy · Krimi · Liebesroman · Historienroman · Familienroman · Horror · Sachbuch · Science Fiction

»Ich will einfach nur mein Abitur machen«

Marlene ist gerade 18 Jahre alt geworden …

1. Lies die Seiten 5 bis 11 und fasse sie in deiner Lesetabelle zusammen.

2. Beschreibe die Protagonistin Marlene in einem Figureninterview. Wie wirkt sie auf dich?

Du ⟨ Wie heißt du und wie alt bist du? ⟩

⟩ Sie

Du ⟨ Woran arbeitest du und was sind deine Hobbys? ⟩

⟩ Sie

Du ⟨ Wo bist du gerade und warum bist du dort? ⟩

⟩ Sie

Du ⟨ Wer ist bei dir und wer gehört noch zu deiner Familie? ⟩

⟩ Sie

Du ⟨ Was bedeutet der Tag heute für dich? ⟩

⟩ Sie

3. Vergleiche die Marlene im ersten mit der im letzten Kapitel. Was ist gleich, was ist anders und wie wirkt sie jetzt auf dich?

für Profis Erkläre mithilfe des folgenden Zitats, was die Protagonistin vor allem verliert. Gewinnt sie es am Ende (»Nachwort«) wieder zurück?

»Wieso konnte mein Tag nicht einfach ganz normal weiterlaufen?« (S. 7)

4. Schneide folgende Kärtchen aus und konstruiere daraus ein Flussdiagramm.

Methode Ein **Flussdiagramm** stellt Veränderungen bildlich dar. Platziere die Namenskärtchen links, das Kärtchen der Blackbox mittig und die Reaktionskärtchen rechts. Wie reagieren die Figuren jeweils auf die Diagnose?

für Profis Recherchiere Informationen zum Medulloblastom. Gestalte ein Poster und präsentiere deine Ergebnisse. Ziehe dazu folgende Seite im Internet heran: www.netdoktor.de/krankheiten/hirntumor/medulloblastom (Stand: Dezember 2021).

| Krankenschwester → | Mädchen → | Marlene → | Mutter → |
| Neurochirurg → | Neurologe → | Pinkus → | Vater → |

Diagnose Medulloblastom

| → | → | → | → |
| → | → | → | → |

Es wurde ein Tumor in meinem Kleinhirn gefunden

Marlene erhält eine fürchterliche Diagnose …

1. Lies den folgenden Lexikoneintrag über die Symptome eines Hirntumors und ergänze die passenden Seitenzahlen.

> Me|dul|lo|blas|tom, das; -s, -e (von griech. *medulla* = Mark [eines Organs], *blastós* = Keim): bösartiger Tumor im Kleinhirn, der rasch auf das Rückenmark übergreift. Ein M. wächst schnell, daher tauchen Symptome früh auf. Der Tumor nimmt Platz im Kopf ein und der Hirndruck steigt. Typische Anzeichen hierfür sind Schwindelgefühle ___S. 14___. Diese werden begleitet von Übelkeit _____ und Erbrechen _____. Es kommt zu Hörproblemen _____, Sehstörungen _____ und Muskelschmerzen _____. Auch lässt das Konzentrationsvermögen _____ nach und nimmt die Müdigkeit _____ zu.

2. Verbinde die folgenden Stationen in der richtigen Reihenfolge. Wie verläuft Marlenes Weg bis zur Diagnose und wie würdest du dich dabei fühlen?

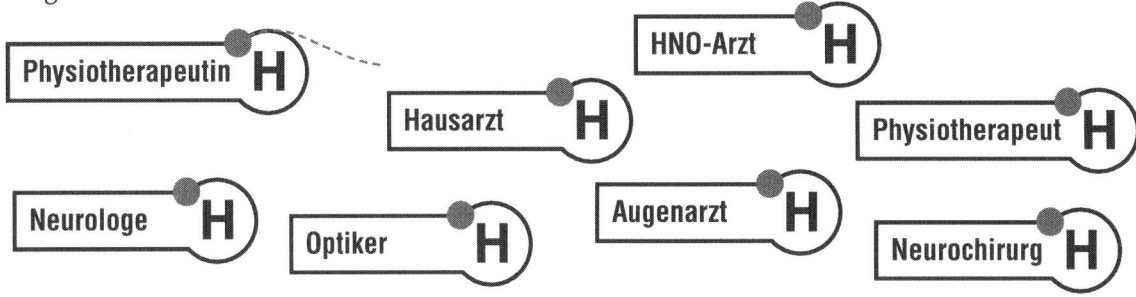

Physiotherapeutin **H**   Hausarzt **H**   HNO-Arzt **H**   Physiotherapeut **H**

Neurologe **H**   Optiker **H**   Augenarzt **H**   Neurochirurg **H**

Insgesamt: _____

> **für Profis** Erkläre, warum die Autorin die ersten drei Kapitel nicht chronologisch anordnet, sondern im zweiten und dritten Kapitel in die Vergangenheit zurückspringt (= Rückblick/Analepse).

3. Vergleiche die folgenden Zitate miteinander. Welcher Gegensatz kommt darin zum Ausdruck?

> »Ich bin 18 Jahre alt, das Leben geht los, ich werde erwachsen« (S. 10)

> »Ich sollte mit 18 Jahren mein Leben leben, Spaß haben, feiern und Freunde treffen« (S. 126)

> »Ich habe mir unter meiner Volljährigkeit wirklich was anderes vorgestellt« (S. 105)

> »Ich bin 18 Jahre alt – und plötzlich bleibt meine Zeit einfach stehen« (S. 10)

4. Gestalte ein Bühnenbild zur Familienküche (S. 38 f.) und zum eigenen Zimmer (S. 40 f.). Warum fühlt sich Marlene in den Räumen wie eine Erwachsene?

> **Methode** Ein **Bühnenbild** dient der bildlichen Darstellung eines oder mehrerer Schauplätze. Teile ein Blatt in zwei Hälften. Zeichne den einen Raum auf der linken und den anderen Raum auf der rechten Hälfte zunächst in Schwarzweiß. Verwende dann eine zusätzliche, passende Farbe für jeden Raum. Wofür steht die Farbe jeweils?

Daniel kommt regelmäßig vorbei

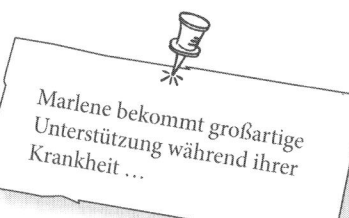

Marlene bekommt großartige Unterstützung während ihrer Krankheit …

1. Marlenes Reaktionen auf die Diagnose gleichen einer Achterbahn fahrt. Übertrage die Skizze und ergänze ein Stichwort zu ihrer Reaktion.

S. 80

S. 76

S. 78

S. 67   S. 69

S. 84

S. 58
Erläuterung

2. Charakterisiere Marlenes Freund in einem Steckbrief.

Tipp · Ziehe dazu die Seiten 18, 50, 57 und 58 heran.

Methode · Ein **Steckbrief** bündelt die verstreuten Angaben zu einer Figur. Erstelle ein Poster mit den Kategorien »Name«, »Wohnort«, »Aussehen«, »Beruf«, »Hobbys«, »Familie«, »Freunde« und »Charaktereigenschaften«. Stelle deinen Steckbrief bei einem Galerierundgang vor.

3. Verbinde die folgenden Satzbausteine richtig miteinander. Würde dir eine solche Beziehung gefallen?

Daniel ist mein Freund,	als ich es sowieso bin. (S. 94)
Er ist meine erste große Liebe,	die sich in meinem Körper breitmacht. (S. 57)
Er kommt rein, und ich spüre die zarte Erleichterung,	fühle ich mich nicht mehr ganz so auf mich gestellt und allein. (S. 60)
Nach dem Besuch […] Daniels	ein ruhiger, ganz lieber Typ. (S. 18)
Er gibt mir irgendwie ein Stück Normalität zurück,	und so muss ich mich in seiner Gegenwart nicht unwohl fühlen. (S. 94)
Er gibt mir das Gefühl, immer noch schön zu sein,	wenn wir uns über Sprüche seiner Professoren lustig machen […]. (S. 92)
Mich macht das überglücklich und noch verliebter in ihn,	wir sind seit fast einem Jahr ein Paar. (S. 18)

für Profis · Erkläre folgendes (widersprüchliches) Zitat:
»Vielleicht bin ich unbewusst doch nicht so gern mit ihm zusammen, fühle mich unwohl, und mein Körper versucht mir das auf diese Art zu zeigen …?« (S. 21)

4. Versetze dich in Daniel und erzähle deinen Eltern (in einem Text) von deinem letzten Besuch bei Marlene. Was hast du erlebt, gedacht und gefühlt?

Tipp · Ziehe dazu die Seiten 92 ff. heran.

»Das hier sind zwei verschiedene Therapiepläne« (1)

Marlene steht vor einer langwierigen Behandlung ihrer Krankheit …

1. Gib an, welchem Zweck die Maßnahmen auf Marlenes Therapieplan dienen.

Therapieplan

Entnahme von Tumorgewebe	* zur Bestimmung von Metastasen
+ Untersuchung des Nervenwassers	
+ Entnahme von Eierstockgewebe	
+ Einsetzung des Ports in der Brust	
+ Chemogabe im ersten Zyklus	
+ Einsetzung des Ports im Kopf	
+ Transfusion von Blut	
+ Chemogabe im zweiten Zyklus	
= 4 Monate oder 50 Tage auf Station	

* für bessere Blutwerte   * gegen den bösartigen Tumor (2x)   * wegen drohender Unfruchtbarkeit

* zur gezielteren Chemogabe   * zur Bestimmung von Metastasen (2x)   * zur leichteren Chemogabe

2. Beschreibe Marlenes Haarausfall aufgrund der Chemotherapie in einem Pfeildiagramm. Würdest du auch so offensiv damit umgehen?

Tipp   Ziehe dazu die Seiten 79, 123 f., 128, 138, 175 und 291 heran.

1. langes Haar	→ 2.

→ 3.	→ 4.

→ 5.	→ 6.

→ 7. nachwachsendes Haar	→ 8.

»Das hier sind zwei verschiedene Therapiepläne« (2)

3. Prüfe mithilfe des folgenden Lexikoneintrags, was Marlenes Haarausfall symbolisieren könnte.

> **Haar**, Symbol für Lebenskraft und Gesundheit, für Macht und Kontrolle, für Erinnerung und Jugend, gleichzeitig Symbol für deren Veränderbarkeit und Zerstörbarkeit, für Beschämung und Demütigung, für Altern und Sterben. Wichtig für das H. als Symbol ist, dass es der körperliche Bestandteil eines Menschen ist und als Körperteil trotzdem keine lebensnotwendige Funktion hat.

4. Im Trailer von Marlenes Lieblingsserie »Club der roten Bänder« heißt es: »Es ist nicht traurig, krank zu sein. Es ist traurig, nicht intensiv zu leben.« Entscheide, ob Marlene das während der Chemotherapie schafft. Trage Pro- und Kontra-Argumente in die Tabelle ein und ziehe dann ein Fazit.

Pro-Argumente	Kontra-Argumente

Fazit:

Ich habe mein erstes Foto hochgeladen (1)

Marlene beginnt mit der medialen Aufarbeitung ihrer Krankheit …

1. Wiederhole, wer Marlene bei der Strahlentherapie begleitet. Inwiefern liefern sie damit einen Freundschaftsbeweis?

Tipp Ziehe dazu die Seiten 207 f., 215, 220/223, 227, 231, 237 und die Figurenkonstellation (→ **i.3**) heran.

Woche	Begleitung	Beziehung
1		
2		
3		
4	Ralf	Onkel
5		
6		
7		

→ »Ich bin so gerührt von ihrer bedingungslosen Freundschaft und Liebe und Zuneigung und voller Dankbarkeit. Ohne sie hätte ich die Zeit der Bestrahlung mit Sicherheit nicht so gut überstanden.« (S. 240)

Info Der **Freundschaftsbeweis** ist eine freiwillige Leistung für geliebte Menschen. Je größer die Spontaneität und je geringer der eigene Vorteil ist, desto größer ist der Beweis.

2. Lies den eingerückten Text auf Seite 211. Worum geht es auch hier und um welche Textsorte handelt es sich?

_____

_____

_____

_____

Tipp Den vollständigen Text mit Foto findest du im Internet unter dem 6. September 2017 auf: www.instagram.com/marlene_biwt (Stand: Dezember 2021).

Ich habe mein erstes Foto hochgeladen (2)

3. Leite aus folgendem Zitat ab, warum, wozu und für wen Marlene Posts im Internet veröffentlicht. Welche (positiven oder negativen) Auswirkungen könnten die sozialen Medien auf sie selbst haben? Welche haben sie auf dich?

für Profis

Rekonstruiere Marlenes Weg in den sozialen Medien. Wie verändern sich:
- ihre Post-Inhalte? (S. 139, 184, 267)
- ihre Follower-Zahlen? (S. 142, 207)
- ihre Art der Kommunikation? (S. 143, 238)

»Wenn ich das alles schon durchgemacht und bis ins kleinste Detail erfahren habe, Antworten auf all meine Fragen bekommen habe, mit denen ich tagtäglich die Ärzte und Pfleger löchere, warum soll ich mein Wissen nicht teilen und anderen damit eine Hilfe bieten?« (S. 134)

Zielgruppe:
_____
_____

Schreibanlass:
_____
_____

Schreibabsicht:
_____
_____

4. Definiere den Begriff »Freundschaft« und entwickle daraus einen Freundschaftstest.

_____

_____

_____

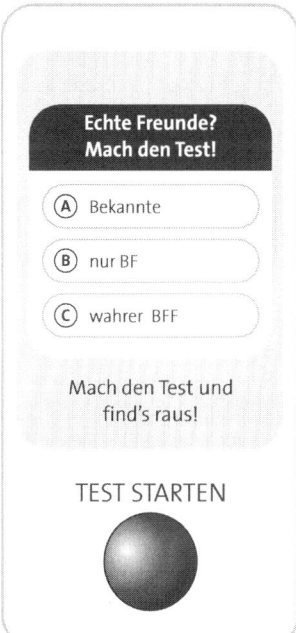

Echte Freunde? Mach den Test!

(A) Bekannte

(B) nur BF

(C) wahrer BFF

Mach den Test und find's raus!

TEST STARTEN

Methode

Ein **Freundschaftstest** hilft dabei, eine Bekanntschaft zu beurteilen. Erstelle eine Reihe von Fragen. Versehe sie mit jeweils drei Antworten und gib ihnen unterschiedliche Punkte (beste Antwort: 15 Punkte, mittelmäßige Antwort: 10 Punkte, schlechteste Antwort: 5 Punkte). Verfasse drei Beschreibungen für ein hohes (*best friends*), ein mittleres (*buddies*) und ein niedriges Test-Ergebnis (*party friends*).

Sie leuchten wie Glühwürmchen im Dunkel der Nacht

Marlene steckt am Ende ihrer Krankheit in einem tiefen Zwiespalt ...

1. Erkläre, warum ein Teil des folgenden Zitats im Buch kursiv gedruckt wurde.

> »Marlene, ich wollte dich doch wegen deiner letzten MRT-Ergebnisse anrufen.«
> »Ja, genau ...?«, antworte ich zaghaft. *Oh bitte, bitte lass alles gut sein!*, bete ich innerlich. (S. 260)

2. Erläutere, wann sich Marlene folgende Gedanken macht. Wie verändern sich ihre Gefühle?

Tipp: Berücksichtige bei deiner Einschätzung auch die Satzzeichen.

Gedanke	Situation	Gefühl
Wann komme ich endlich wieder raus aus dieser ungewissen Hölle? (S. 84)		
Wann habe ich das letzte Mal so geweint? (S. 89)		
Kann mich mal bitte jemand kneifen?! (S. 98)		
Ich kann das nicht allein! Hilfe! (S. 111)		
Oh bitte, bitte lass alles gut sein! (S. 260)		
Damit kann ich auf jeden Fall leben. (S. 282)	Nachsorge, Kontrolluntersuchungen	Akzeptanz, Gleichmütigkeit

für Profis: Prüfe, inwiefern Marlene von Schuldgefühlen geplagt wird. Wen oder was macht sie für ihre Krankheit verantwortlich? Ziehe dazu folgende Seiten heran: S. 10, 127, 163 f., 172 f.

3. Übertrage das Telefonat auf Seite 260 in einen Dramentext. Wie würdest du dich währenddessen fühlen?

> **Szene 16:** _____
>
> *Setting:* _____
>
> Marlene *(nervös)*: Hallo?
>
> Dr. Ohm: Marlene, ...

4. Interpretiere das Glühwürmchen-Bild auf Seite 262 f. Welche zwiespältigen Gefühle kommen darin zum Ausdruck?

Everything's gon' be good

Marlene formuliert nach ihrer Krankheit einen eindringlichen Appell …

1. Höre noch einmal das Lied »Little Hollywood« von Alle Farben.
Welche Gedanken und Gefühle löst es jetzt bei dir aus?

2. Lies die folgenden Seiten und stelle fest, welche Tipps Marlene, ihre Mutter und ihr Vater fürs
Leben haben. Welche Tipps hättest du selbst?

Seite	Figur	Tipp
69	Mutter	
286		
290		

Mein Tipp/meine Tipps für ein zufriedenes Leben:

_____

_____

_____

Tipp
Stelle den Kontakt zu einer Pflege-
schule, einem Krankenhaus oder
einem Hospiz in deiner Nähe her.
Suche das Gespräch mit Mitarbeiterinnen
und Mitarbeitern, mit Patientinnen und Pati-
enten (Werdegang, Arbeit, Krankheit, Gedanken und Gefühle).

für Profis
Schaue den Animationsfilm »Ein Mittel
gegen Unzufriedenheit« und fasse ihn in
einem Flyer zusammen: Dankbarkeit – Entstehung – Auswirkungen – Erziehung zur Dankbarkeit – Bezug zum Buch. Ziehe dazu folgende
Seite im Internet heran: https://www.youtube.com/
watch?v=HGKn3iUA5M0 (Stand: Dezember 2021).

3. Erkläre mithilfe des Kapitels 18 und des Nachworts,
wie Marlenes Leben weitergeht.

Tipp
Ziehe dazu auch das Interview mit
der Autorin heran (→ i.2).

4. Bewerte das Buch mithilfe der Fünf-Finger-Methode.

Methode
Die **Fünf-Finger-Methode** ist eine Methode, mit der ein schnelles Feedback möglich wird.
Hebt reihum eine Hand und gebt pro Finger eure Meinung zu bestimmten Kriterien ab.

Daumen: Das fand ich top.

Zeigefinger: Darauf möchte ich hinweisen.

Mittelfinger: Das hat mir gestunken.

Ringfinger: Das war besonders berührend.

Kleiner Finger: Das kam mir zu kurz.

Lösungsvorschläge

 k.2
1. bei Marlene: Sommergefühle (S. 149), gute Erinnerungen (S. 236)
PROFI: gute Vergangenheit, schwierige Gegenwart, wieder bessere Zukunft
2. »Medizin«, »Krebs«, »nicht allein«, »ihr«, Ausrufezeichen (→ u.3/Sprache) = Gemeinschaft, Unterstützung, Dank
3. Anlass: eigene Geschichte erzählen, von Erlebnissen berichten (S. 289), Absicht: Krankheit hinter sich lassen (S. 290), Zielgruppe: Community auf Instagram (S. 288)
4. Autobiografie mit Zügen eines Entwicklungsromans (»Erwachsenwerden«, S. 291, → u.3/Erzähltechnik)

 k.3
1. → i.4/Tabellarische Kapitelübersicht
2. Marlene Bierwirth, 18 Jahre (S. 10), Abitur (S. 7), Reiten/Singen/Schauspielern/Fotografieren/Kinobesuchen/Musikhören/Chillen (S. 10), Krankenhaus (S. 9), Gesundheitsprobleme (S. 7), Vater (S. 8), Mutter/Bruder Pinkus/Schwester Ira/Pflegebrüder Aaron und Jan (S. 11), Tag der Diagnose (S. 11)
3. gleich: Hobbys, Krankenhausbesuche (S. 289), anders: 22 Jahre, WG, Studium (S. 289)
PROFI: verloren: Normalität, nur teilweise wiedergewonnen (S. 291), daher weiterhin Sehnsucht nach altem Leben (S. 290)
4. Krankenschwester: Routine (S. 11), Mädchen: Lächeln (S. 10), Marlene: Trance (S. 8), Mutter: Unruhe (S. 12), Neurochirurg: Vortrag (S. 8), Neurologe: Mitleid (S. 8), Pinkus: Unsicherheit (S. 12), Vater: Trost (S. 8)
PROFI: mögliche Kategorien: Beschreibung, Symptome, Ursache, Untersuchungsmethoden, Behandlung, Überlebenschance

 k.4
1. Schwindel: S. 14, Übelkeit: S. 19, Erbrechen: S. 22, Nackenschmerzen, Ohrensausen: S. 24, Sehprobleme: S. 27, Schluckauf: S. 33, Konzentrationsschwierigkeiten: S. 36, Müdigkeit: S. 51
2. Psychotherapeutin, Hausarzt, Physiotherapeut, Optiker, HNO-Arzt, Augenarzt, Neurologe, Neurochirurg, insgesamt Irrfahrt/Odyssee
PROFI: → u.3/Erzähltechnik
3. Gegensatz erwachsen werden (Volljährigkeit), aber nicht erwachsen sein (keine Unabhängigkeit), → u.3/Motive
4. Farben: Küche rot = Aufmunterung (S. 38), Zimmer beige = Schlichtheit (S. 171), Reden mit Erwachsenen/wie Erwachsene in Küche, eigenes Reich wie Erwachsene in Zimmer

 k.5
1. S. 58: Erleichterung, S. 67: Verwirrung, S. 69: Angst, S. 76: Bedrohung, S. 78: Schreck, S. 80: Panik, S. 84: Schock
2. → u.3/Figuren

3. Daniel ist ... ein Paar (S. 18) / Er ist ... lieber Typ (S. 18) / Er kommt ... Körper breitmacht (S. 57) / Nach dem ... und allein (S. 60) / Er gibt mir irgendwie ... lustig machen (S. 92) / Er gibt mir das Gefühl ... unwohl fühlen (S. 94) / Mich macht ... sowieso bin (S. 94), insgesamt Beziehung geprägt von Unterstützung, Liebe
PROFI: kurzzeitige Verunsicherung Marlenes durch die Krankheit (vgl. S. 123)

 k.6
1. zur Bestimmung von Metastasen, zur Bestimmung von Metastasen, wegen drohende Unfruchtbarkeit, zur erleichterten Chemogabe, gegen den bösartigen Tumor, zur gezielteren Chemogabe, für bessere Blutwerte, gegen den bösartigen Tumor
2. → u.3/Stilmittel
3. → u.3/Stilmittel
4. Ja, intensive Tage zu Hause (Kap. 7), in der Pizzeria (Kap. 9), am See (Kap. 10), beim Foto-Shooting (Kap. 11), in Straßburg (Kap. 12)
PROFI: Parallelen: »Wir träumen, wir hoffen, wir kämpfen«

 k.7
1. Stiefgroßvater Dietmar, Tante Ute, Freundinnen Jule und Paula, Mutter, Onkel Ralf, Partner Daniel, Schwester Ira, Freundinnen Lina und Tabea
2. Thema: Freundschaft, Liebe, Unterstützung; Textsorte: Instagram-Post
3. Anlass: Erlebnisse, Erfahrungen; Absicht: Wissensvermittlung, Hilfestellung; Zielgruppe: Betroffene; Wirkungen: → u.3/Themen
PROFI: → u.3/Themen
4. Mögliche Fragen: liebste Freizeitaktivitäten, wichtigste Eigenschaften, häufigstes Emoji im Chat, passendstes Motto etc.

 k.8
1. → u.3/Erzähltechnik
2. Situationen: nach der Operation, nach der Diagnose, bei der Heimfahrt, bei der Therapie, beim Nachgespräch; Gefühle: Unsicherheit, Trauer, Ungläubigkeit, Panik, Hoffnung
PROFI: → u.4/Deutungsperspektiven
3. Überschrift: Leuchten wie Glühwürmchen, Setting: Marlene mit ihrer Mutter in der Küche. Das Handy klingelt.
4. draußen: Leben vs. Unüberschaubarkeit; drinnen: Geborgenheit vs. Stillstand

k.9
2. → u.3/Figuren, → u.4/Deutung
PROFI: Dankbarkeit, Gegenseitigkeit, soziales Verhalten, positive Rückwirkung, mentale Gesundheit, Selbstreflexion, Aufmerksamkeit; Bezug zu Marlene: Chemo, Dank, Tagebuch etc.
3. → i.2/Interview mit der Autorin